早期留学の社会学

国境を越える韓国の子どもたち

小林和美
KAZUMI KOBAYASHI

昭和堂

まえがき

韓国では、二〇〇〇年代半ばをピークに、大学より前の段階での留学、すなわち初等学校（小学校）や中学校・高等学校段階の児童・生徒が外国（おもに英語圏の国）に留学する「早期留学」が拡大し、社会問題となった。子どもを外国の学校で学ばせるために妻子を外国に送り出し、自らは韓国に残って働いて学費や生活費を送金する「キロギ・アッパ（雁のパパ）」については、日本のマスコミでもたびたび取り上げられたので、ご存じの方もいるだろう。

韓国の人々が教育熱心なことは、以前から知っていた。しかし、「どうしてそこまでやるの!?」というのが、私が早期留学について知ったときの率直な感想だった。

早期留学に関する私の調査研究は、この率直な驚きと疑問から始まっている。早期留学とは何か？　どういう人が、どういうふうに考えて、子どもを早期留学させたのか？　早期留学現象はどのように始まり、どのように拡大したのか？　その背景には、どのような要因があったのか？本書はこのような追究を通して、韓国における早期留学現象の全体像を描き、その意味を理解しようと試みたものである。

早期留学を通して、韓国社会および韓国の人々の行動や意識の特徴とその変化の動向をみていただくとともに、日本に暮らす私たちがグローバル化時代にどう対応するか、子どもをどう育てていくか、考えてみていただければと思う。韓国に関心のある方だけでなく、グローバル化時代の家族や教育のあり方に関心をお持ちの方にも読んでいただければ幸いである。

目次

目次

序章　早期留学との出会い

都市へ移住する子どもたち――「今ごろ、そんなことを調べるの?」

一九九八年の秋、私は韓国の村落調査のため大邱《テグ》広域市の近郊農村にいた。恩師である北原淳先生が研究代表者を務める日韓共同研究プロジェクト「日韓村落構造の比較研究」の一環としておこなわれた村落コミュニティ調査に参加するためであった。

人口移動と就業構造の研究を担当していた私は、このあたりの村の初等学生(小学生)が五年生から六年生にかけて、大量に都市へ流出することを知った。その理由は「教育問題」であった。子どもを都市部の中学校に進学させるため、親たちは子どもが初等学校高学年になると都市へ移住させていた。進学先の中学校が、私立校も含め、居住地域別に定められた学校群のなかから抽選によって振り分けられるためである。家族全員の住民票を都市部に移した後、実際には子どもだけを都市部に住む親戚の家に預けたり、都市部に部屋を借りて世話役の祖母とともに子どもたちを住まわせたり、子どもたちだけで住まわせて母親が世話をしに通ったりと、親たちはさまざまな方法で子どもを都市部の中学校に送り込んでいた。家族で都市に移住して、親たちが村へ農業をしに通う方法もあった。調べてみると、韓国では「教育問題」を理由とした農村から都市への人口流出は、全国的な問題であることがわかった。なぜ、そこまでして子どもを都市の学校に行かせなければならないのか。私はインタビュー調査をすることにした。

教育のために子どもを都市に移住させた人を探そうと、村の人たちに声をかけると、「今ごろ、そんなことを調べるの？　もう外国に行く時代だよ」という言葉が返ってきた。子どもの教育のために、稼ぎ手である父親を韓国に残し、母親と子どもが海外に移住する「教育移民」が、すでに社会問題になっているという。教育のため、農村の初等学生が都市に移住する現象に驚いていた私は、彼らの言葉にさらなる衝撃を受けた。

これが、私と「早期留学」との出会いだった。

教育のために「人が動く」――都市へ、そして海外へ

「早期留学」とは、大学より前の段階での留学、つまり初等学校・中学校・高等学校段階の児童・生徒が外国に留学することをいう。一九八〇年代後半からマスコミ等で取り上げられるようになり、一九九三年に発足した金泳三政権が「世界化」を国家政策とするなかで拡大した。私が村の人たちから初めてこの話を聞いた一九九八年当時は、父親を韓国に残しての母子移住による早期留学が「教育移民」として話題になっていた。教育を目的とした海外移住という意味である。

韓国では、子どもの教育問題が人口移動を引き起こす大きな要因のひとつになっている。農村

では、教育環境の良い都市の学校に通わせるため、子どもを都市に移住させる動きがみられた。大邱広域市近郊農村での調査を通して、それは、子どもにより良い教育を受けさせることによって辛い農業から抜け出そうとする家族ぐるみの階層上昇移動戦略であることが明らかになった。熱心に農業に取り組み、利益を上げている農家ほど、子どもには農業以外の職業に就くことを希望しており、子どもを都市へ送り出すことで、上級学校への進学により有利な条件を与えるとともに、都市的生活文化を早くから享受させようとしていた（小林 二〇〇〇、二〇〇一）。

都市では、さらに良い教育環境を求める人々が教育環境の良い学区へ移住する現象がみられる。それは、良い学区とされる地域の不動産価格が上がってしまうほどだ。名門高校が集中するソウルの「江南八学群《カンナム》」は、その代表例である。富裕層や高学歴新中間層の家庭が多く、有名学習塾や予備校が集まっていることで知られるこの地域には、不動産価格の上昇にもかかわらず教育熱心な家族の流入が後を絶たない。

グローバル化が進むなか、より良い教育環境を求める人の移動は、海外にも及んでいる。親の海外勤務などに子どもを同行させるかたちでの留学だけでなく、子どもを外国に住む親戚に預けたり、子どもの留学に母親が同行したり、知人や留学代理店が紹介した家庭にホームステイさせたり、寮に入れたりして、子どもを外国に住まわせ、外国の学校に通わせることを目的とした留学が、中高校生だけでなく初等学生の間にも、二〇〇〇年以降、急速に広がっていった。

早期留学調査の始まり

早期留学と出会って以来、私は、この社会現象についての日本語論文が現れるのを心待ちにしていた。韓国でこれだけ話題になっているのだから、すでに誰かが研究しているだろう、論文が出たらそれを読もう、と思っていた。ところが何年待っても、早期留学についての日本語論文は現れなかった。

そんな折、私は「国境を越える移動・エスニシティ・地域社会の再構築に関する比較社会学的研究」（研究代表者：佐々木衞）という海外学術調査のプロジェクトに参加することになった。韓国調査の担当者となった私は、早期留学について自分で調べてみることにした。

当時、早期留学に対する韓国のマスコミの論調は、きわめて否定的だった。早期留学の増加は、家族別居、階層間格差の固定化、公教育のあり方、外貨の流出などとの関連で社会問題になっていた。なかでも、子どもを外国の学校で学ばせるために妻子を外国に送り出し、自らは韓国に残って働き、家族の生計を支える父親たちは「キロギ・アッパ」と呼ばれ、早期留学にともなう家族別居問題の象徴的存在として注目を集めていた。キロギとは雁のことであり、アッパとは父親を指す言葉（日本語の「パパ」に近い）である。子どものために懸命に働き、海を越えて家族に会いに行く姿が、渡り鳥の雁を想起させることから、このように呼ばれるようになったといわれている。孤独死・自殺・精神疾患・アルコール中毒・不倫・離婚、そして金を稼ぐ機械など、新聞・雑誌・テレビなどでキロギ・アッパに関するセンセーショナルな報道がなされている状況を目にして、私は、彼らにインタビュー調査をするのは難しいだろうと考えた。

実をいうと、当時の私は「早期留学」と「教育移民」、そして「キロギ・アッパ」という言葉の区別さえ、あまり意識していなかった。韓国では、子どもを外国の学校で学ばせるため、稼ぎ手の父親を残して母子が外国に移住する現象が起こっており、そのことを「早期留学」または「教育移民」と呼び、その父親を「キロギ・アッパ」と呼ぶのだと理解していた。これ自体に大きな誤りはないが、「早期留学」と「教育移民」という言葉が指す対象間のズレや、早期留学がかならずしも「キロギ・アッパ」を生むような家族形態をともなうわけではないことについては、意識できていなかった。

インタビュー調査を諦めかけていた二〇〇六年二月、韓国から友人が資料調査のため来日した。「本物のキロギ・アッパに会ってみたいんだけど、インタビューなんてできないよね」と言ってみたところ、「思い当たるルートがあるから、帰国したら調査が可能かどうか連絡してあげる」

と言う。数日後、調査ＯＫのメールが来た。彼女の友人の夫の知人が、キロギ・アッパを何人か紹介してくれそうだという。このチャンスを逃したら二度とないかもしれないと思い、すぐに行くことにした。

三月半ば、何をどう調べればいいかわからないまま、キャリーバッグにインタビュー協力者へのお土産を詰めて、ソウルに向かった。どうして家族が離れ離れになってまで、まだ幼い子どもを海外留学させることにしたのか、とにかく一度、キロギ・アッパの話を直に聴いてみたかった。センセーショナルで否定的な報道の的となっているキロギ・アッパが、初対面の外国人にプライベートなことをどれだけ話してくれるのだろうか。やってみないとわからない「出たとこ勝負」の調査だった。

女性版キロギ・アッパ――「人生は、どうせ一人で生きるものだから」

最初にインタビューをすることになったのは、高校二年生の長女をアメリカに、小学六年生の次女をカナダに留学させている女性医師、ユ・ミョンスクさんだった。五ヵ月後には夫がカナダの次女のもとへ行き、自分は韓国に残って働くということだった。早期留学のこともキロギ・アッパのこともよく知らないのに、いきなり、当時の韓国でも珍しい女性版キロギ・アッパ[1]予定者に話を聴くことになったのだった。

仲介してくれた友人とともに、ソウル市内の医院を訪問した。白衣姿のミョンスクさんは私たちを診察室に招き入れ、女性版キロギ・アッパになるいきさつを明るくテキパキと語ってくれた。

ミョンスクさんの娘たちは初等学校一年生のときから英語を習い始め、夏休みなどの長期休暇には数ヵ月ずつ海外語学研修に行っていたが、もともと留学させるつもりはなかった。しかし、長女が特殊目的高校に入れるだけの成績を収めることができなかったため、中学三年生のとき、急きょ留学させることになった。特殊目的高校とは、外国語高校・科学高校・芸術高校などの特殊分野の英才を対象とした専門的な教育をおこなうことを目的とする高校である。中学校卒業者のわずか三〜四%しか入学できず、一流大学につながるエリートコースとされている。そのときすでにミョンスクさんの兄の子どもがアメリカに留学していたため、留学という選択肢が出てきたのだった。留学先は、留学院という留学専門の代理店が紹介してくれたなかから選んだ。韓国人があまりいないところで、大都市でなく、女子校、という条件で、アメリカ南部にある私立寄宿学校を選択した。急だったため学校をゆっくり選べなかったという。

次女の場合は「中学校に入ったけれど、宿題は多いし、あまりに大変なので、どうせだから行かせちゃえ」ということになり、カナダのバンクーバーで、韓国人の家にホームステイさせて、私立学校に通わせている。韓国では中学一年生だったが、カナダでは小学六年生になった。学費・生活費・旅費などすべての経費を含めると、長女に年五千万ウォン（約六〇九万円）[2]、次女に年三千万ウォン（約三六五万円）かかっているので、ミョンスクさん夫婦は「最低生活をしている」とのことだった。

女性版キロギ・アッパになる理由をたずねると、「「夫婦のうち」どちらか一人が経済活動をしないといけないから」と、歯切れの良い答えが返ってきた。ミョンスクさんの夫は歯科医だ。子どもと一緒に住んでいたときは、夫が子どもの勉強をみてやったり、持ち物を準備してやったりしており、留学の準備も夫がした。夫は韓国での生活に不満があり、新しい生活をしたい、外国で暮らしてみたい、子どもと一緒に過ごしたいと思っているいっぽう、ミョンスクさんは韓国での現在の生活に満足しているという。「夫がいなくなって困るのは、電球が切れて換えるときくらい」と言い切った。

娘たちの留学のおもな目的は英語ができるようになることではなく、「全体的な勉強」、すなわち「どこにでも住めるように」なることだ。「人生っていうのは、どうせ一人で生きるものだから」、娘たちが強くて自立した人間に成長することを望んでいた。

韓国では母親の役割が重く、職業を持つ女性にとってそれを果たすのは大変で、子どもに充分なことをしてやれていないというストレスを抱えがちだという。学校に行ったり、宿題をみてやったり、学校で必要なものを買い揃えてやったり、いくつもの塾に行けるようスケジュールを調整したり。私教育（塾・家庭教師・習い事などの公教育以外の教育）にはかなりお金がかかるし、韓国でこれだけ苦労して子どもを育ててもあまりいい結果になりそうにないなら、外国に留学させてしまえ、という発想になるのだそうだ。

一通りの話が済むと、ミョンスクさんは、医院の窓から身を乗り出して、「このあたりにキロギ家族は多いのよ。ほら、あそこの家もキロギ、あっちは子どもだけ留学、あっちは……」と、近所で子どもを早期留学させている人の家を指し始めた。「そんなにいるものなの？」と驚かされた。

キロギ・アッパ――「子どもの可能性を広げたい」

続いて、ミョンスクさんの紹介で、妻と初等学校三年生、一年生の息子二人をカナダに行かせている開業医のイム・ソンホ氏に会った。夕方の診察の合間に二〇分だけという条件で、インタビューに応じてくださった。温和で優しい印象の男性だ。診察室にはどこか寂しそうな空気が漂っていて、質問をするのが申し訳ない気持ちになった。

「去年の一二月二九日に妻と子どもたちがカナダのバンクーバーに行きました」。ソンホ氏は、日付入りで話し始めた。一人暮らしになって、まだ三ヵ月ほどだ。妻と息子たちは現地でアパートを借りて住んでいる。妻は語学研修を受け、子どもたちは学校にうまく適応してのびのびと勉強し、運動もたくさんしているそうだ。二年経ったら韓国に帰ってくることになっている。

子どもたちを早期留学させたおもな目的は、英語の習得である。子どもたちは幼稚園のころから英語を習い始めた。韓国で英語を勉強しようとしたら、塾に通ってたくさん勉強しなければならないので子どもの負担になるから、留学させて、英語の基礎を、背景にある文化とともに学ばせることにしたそうだ。また、子どもが幼いうちのほうが周りの子どもたちと早くなじむし、今は自分が若いから大丈夫だけれど年をとったら家族と別れて住むのは辛いと考えて、子どもが幼いうちに留学させることにした。「子どもの可能性を広げたい。韓国の大学に行きたいのなら行けばいいし、外国の大学に行きたいのなら、行けるようにしておいてやりたい。外国で暮らせる条件を整えてやりたい」と言う。

ソンホ氏は、子どもの留学に積極的だったわけではない。「私は嫌だけど、どうしようもないでしょ」、「教育問題はみな女の人が……」。子どもの留学は妻が主導したようだ。

ソンホ氏夫妻が結婚した直後、妻の両親はアメリカに移住し、その後、市民権を得た。次男は妻がアメリカの実家で出産したため、アメリカの市民権を持っている。留学先をバンクーバーにしたのは、ソンホ氏が兵役のさいに知り合ったカナダ人（その妻は韓国人）の紹介があったからだ。

「生活するうえでの問題はありますか？」とたずねると、即座に「寂しい」との答えが返ってきた。ソンホ氏はあまり家事に慣れていない様子だが、クリスチャンなので、近所の教会の人がおかずを作ってくれたりして、生活を助けてくれているそうだ。

ソンホ氏の診療室には、毎日子どもたちからファックスが届く。時差があるため、子どもたちが夜送信したファックスが、昼間の診療室に届く。子どもたちからのファックスを次々と出してきては、見せてくれた。ハングルのなかに、ところどころ英語が混じっていて、絵も描かれていた。ソンホ氏は、日々ファックスが届くのを心待ちにして生活している。子どもたちからのファックスには、Eメールで返事をする。時々、子どもたちのビデオが送られてくる。夏休みには妻子が韓国に戻ってきて、秋夕《チュソク》（日本のお盆にあたる）にはソンホ氏がカナダに行くことになっている。

机に積み上げられたファックスの束に、キロギ・アッパの寂しさを感じさせられたインタビューだった。

本調査に向けて

「なんだか、キロギ・アッパというより早期留学の調査みたいになっちゃったね」。友人にそう言われながら、初日の調査を終えた。早期留学生の親との初めての対話は強烈な経験だった。その晩、ホテルの部屋で調査記録の整理をした後、翌日のインタビューに備えて、調査記録を見ながら質問項目を書き出していった。日本を出発する前はキロギ・アッパに会って何をきけばいいのか、よくわからない状態だったのだが、初日のインタビュー後に書き出した質問項目は、ホテルの便箋いっぱいになった。

翌日は、質問項目を書き上げたメモを片手に、飲食店経営者のキロギ・アッパと二時間みっちり話すことができた。こうして本調査で使用するインタビュー調査項目の一覧表ができあがった。

予備調査をふまえて、研究対象を、当初考えていたキロギ・アッパから早期留学一般に広げることにした。キロギ・アッパが現れるような家族形態は、子どもを早期留学させるさいにとられる選択肢のひとつであり、子どもを教育する長いプロセスにおいて出現する一時的な形態である場合も多いことがわかったからである。子どもを早期留学させるさいには、ミョンスクさんがやっていたように、子どもだけを寄宿制学校に行かせたり、現地の家庭にホームステイさせたりする方法もあるし、途中で片方の親が子どものもとへ行ったり、あるいは逆に、子どもを残して帰国したりすることもある。また、子どもを留学させるタイミングや期間にも、複数のパターンがあるようだ。予備調査を通して、私は、子どもを早期留学させる親たちが、どのような将来展望のもとに、どのような方法で子どもを留学させるのかを、もう少し広い視野でみてみたいと思った。

本書は、こうして始まった私の足掛け一〇年にわたる韓国の早期留学についての調査研究をまとめたものである。後にわかったことだが、私が韓国で早期留学についてのまとまったインタビュー調査をおこなった二〇〇六年は、早期留学生の出国がピークを迎えた年だった。早期留学ブームが最高潮の時期に現地調査をする幸運に恵まれたのだった。

本書の目的

本書の目的は、早期留学ブームが起こり始めた一九八〇年代後半から近年までの早期留学現象の推移を、グローバル化の進展および韓国の政治・経済・社会・教育の動向と絡めながら追うことにより、「韓国では、なぜ、これほど多くの人たちが大学より前の段階で子どもに海外留学をさせたのか」という疑問に答えることである。早期留学は、初期には富裕層や海外駐在員の子女など、限られた人たちのものであった。それが、高学歴の専門職・管理職や企業経営者、中間層、さらに庶民層にまで広がっていく過程を、統計資料、新聞・雑誌記事、既存研究などをもとに描きたい。また、インタビュー調査を通して聴き取った早期留学生やその家族の経験や思いも紹介したい。早期留学を通して、韓国社会および韓国の人々の行動や意識の特徴と、その変化の動向をみていただければと思う。

韓国の早期留学については、韓国人研究者を中心に、数多くの研究がなされている。早期留学の増加が社会問題となるなか、韓国では二〇〇〇年頃から、早期留学抑制のための政策的研究や、留学にともなう家族問題や家族戦略、留学をめぐる制度上の問題などについての研究がみられるようになり、二〇〇五年頃からその数が増え始めた。近年では、東南アジアへの留学、早期留学にともなって生じる国境を越える家族(トランスナショナル・ファミリー)の特性や戦略、早期留学経験者の大学卒業後の生活経験など、多様なテーマにわたる調査研究が韓国内外でおこなわれている。[3]また、早期留学は韓国のみにみられる現象ではなく、台湾、香港、中国でも、子どもだけが、あるいは稼ぎ手である父親を残して母子が英語圏の国に移り住む現象がみられ、研究報告がなされている。いっぽう日本では、ハワイへの母子移住についての研究報告があるものの、大学より前の段階での留学はごく一部の人々の動きに留まっており、これに対する社会的関心も低い。

けれども近年では、日本でも「グローバルな子育て」に対する関心が高まり、中・高校生の留学や家族のための留学ガイド本が出版されたり、海外親子留学プログラムのような商品が旅行代理店や留学エージェントからさかんに出されるようになっている。また、将来世界で活躍できる「グローバル人材」の育成が国家的課題とされ、政府だけでなく官民協働のもと社会総掛かりで取り組む留学促進キャンペーン「官民協働海外留学支援制度～トビタテ！留学ＪＡＰＡＮ　日本代表プログラム」が、二〇一四年度から開始された。これにより二〇二〇年の東京オリンピック開催までに、大学生の海外留学を六万人から一二万人に、高校生の海外留学を三万人から六万人にと、それぞれ倍増させることが目指されている。二〇二〇年度から小学校で全面実施される次期学習指導要領では、五・六年生で外国語（英語）を教科に格上げし、英語に親しむための「外国語活動」の開始を三年生に早めることになった。

経済のグローバル化が急速に進められるなか、一九九七年に初等学校三年生からの英語教育が導入され、二〇〇〇年以降、早期留学の急激な増加がみられた韓国の動向は、グローバル化時代の子育てや人材育成のひとつの先行事例といえるだろう。グローバル化時代にどう対応するか、子どもをどう育てていくか、韓国の事例を通して考えてみていただければと思う。

本書の構成

本書では、基本的に時間の流れに沿って、韓国における早期留学現象の推移を追っていく。

第1章では早期留学現象の推移を統計によって概観し、背景となる韓国の教育事情について確認する。

第2章では早期留学がまだ限られた人たちのものであった初期（一九八〇年代から一九九九年まで）を中心に、第3章では早期留学が中間層や初等学生にも広がった激増期（二〇〇〇年から二〇〇六年まで）を中心に、早期留学をめぐる動向について記述する。

第4章と第5章では、私がインタビュー調査を通して聴き取った早期留学のさまざまな事例を紹介し、解説する。第4章では、激増期の早期留学のうち特徴的な事例を、中高校生の場合と初等学生の場合に分けて示す。第5章では、早期留学にともなう家族問題の象徴とされるキロギ・アッパに焦点を当てる。

第6章では、早期留学が減少に転じ、これに代わる方法が注目されるようになった減少期（二〇〇七年以降）の動向についてみる。そして、終章では、早期留学現象の推移をふまえて、「韓国では、なぜ、これほど多くの人たちが大学より前の段階で子どもに海外留学をさせたのか」という問いに答える。

本書の執筆にあたっては、通常の学術論文では記述されることのない、調査実施に至るまでの経緯や調査中および調査前後の様子など、いわば調査の裏側についても記述した。調査の現場の雰囲気を感じていただければ、また、これから現地調査をしようという方々の参考になれば、幸いである。早期留学の事例を記述するさいには、インタビュー対象者のプライバシーに配慮しながらも、できるだけ彼/彼女らの人物像が伝わるように努めた。事例の記述に登場する人物の姓名は、すべて仮名である。なぜ、韓国では、これほど多くの人たちが幼い子どもに海外留学までさせたのかを、彼らの言葉や行動からも感じ取っていただければと思う。

注

1 インタビュー中、ミョンスクさん自身は、自分はこれから「キロギ・オンマ（雁のママ）」になるのだと表現した。しかし「キロギ・オンマ」は、一般的には、稼ぎ手の夫を韓国に残して子どもの留学に同行する母親を指して使用されるので、読者の混乱を避けるため、ここでは「女性版キロギ・アッパ」と表記した。

2 日本円の表記は、当該年の年間平均為替レートにより算出した。以下同様。

3 韓国の早期留学について、日本人による研究は多くないが、著者による調査研究のほか、近年になって、早期留学隆盛の要因と家族のあり方について論じた石川（二〇一四）、早期英語留学と留学エージェントの変遷と現況について検討した仲川（二〇一六）などの研究が発表されている。

参考文献

（日本語文献）

石川裕之　二〇一四「韓国の教育熱と家族のかたち――早期留学の問題を中心に」平田由紀江・小島優生『韓国家族――グローバル化と「伝統文化」のせめぎあいの中で』亜紀書房、二四一―二七四頁。
小林和美　二〇〇〇「韓国農村における教育問題と人口移動――大邱広域市近郊農村の事例」『大阪教育大学紀要　第Ⅱ部門』四八（二）、七五―八八頁。
小林和美　二〇〇一「韓国大都市近郊農村における若年層の就学流出――大邱広域市S集落の事例」『村落社会研究』八（一）、一二一―一三三頁。
仲川裕里　二〇一六「韓国の早期英語留学と留学エージェント――カナダ・トロントの事例から」『韓国朝鮮文化研究』一五、一九八―一七四頁。

第1章　韓国の教育事情と早期留学

第1章では早期留学現象の推移を統計によって概観し、時期区分をおこなうとともに、この現象の背景となる韓国の教育事情について確認する。

1　早期留学とは

早期留学の定義

まず、早期留学という言葉の定義を確認しよう。

韓国では「留学」は、「国外留学に関する規定」という法令の第二条第一項により「外国の教育機関・研究機関または研修機関で六ヵ月以上の期間にわたり修学したり学問・技術を研究または研修すること」と定義されている。「留学」はさらに、費用負担の観点から「国費留学」と「自費留学（私費留学）」に区分される。しかし、早期留学については法的な定義は存在しない。

早期留学については、その実態を把握して研究し、対策を講じる必要から、韓国教育開発院[1]が「留学」の法的定義をふまえ、「初・中・高等学校段階の児童・生徒が国内の学校に入学または在学せずに外国へ行き、外国の教育機関で六ヵ月以上の期間にわたり修学する行為」を意味するとしている。そして早期留学をその事由によって、認定留学、未認定留学、自費留学、派遣同行、海外移住の五つに区分し、それぞれの事由による海外出国児童・生徒数を年度[2]ごとに公開している（キム・ホンウォンほか 二〇〇五：一）。

初・中学生の留学は原則「違法」

韓国教育開発院による早期留学の五つの区分のうち、まず認定留学と自費留学について説明しよう。韓国では「国外留学に関する規定」により自費留学（私費留学）できる資格が制限されており、特別な場合を除き、義務教育（初・中学校）段階での自費留学は認められていない。同規定の第五条では、自費留学できるのは、①中学校卒業以上の学歴があるか、これと同等の学力があると認められた者、②自然科学や芸術・スポーツなどの分野で特殊な業績を収めた者または特別支援教育対象者などで、教育長か国際教育振興院長の留学認定を受けた者、と定められている。①の要件（中学校卒業以上）に該当する場合が自費留学で、一般的には高校生の私費留学がこれにあたる。二〇〇〇年一一月の規定改定により自費留学資格が高校卒業以上から中学卒業以上に緩和されたことにより、このカテゴリーが設けられた。したがって、自費留学は初・中学生にはあてはまらない。認定留学とは、②の要件（特別に認められた場合）に該当する留学をいうが、その数は非常に少ない（キム・ホンウォンほか二〇〇五：一）。

派遣同行とは「父母の職場での海外派遣などの理由により子女がやむなく留学するもので、両親が同行する場合」であり、海外移住とは「家族全体が移民する場合」である（キム・ホンウォンほか二〇〇五：一）。

留学する初・中学生のうち、前記の認定留学、派遣同行、海外移住に該当しない場合が未認定留学とされる。これは法的に認められない違法行為である。親の海外派遣への同行であっても、両親のうち片方でも韓国内に残っていれば、違法行為となる（キム・ホンウォンほか二〇〇五：一一二）。しかし、実際に違法な早期留学による就学義務不履行によって親が罰せられることはないといわれている。そもそも保護者の多くが義務教育段階の児童・生徒の留学を規制する法的規定が存在することさえ知らないという。二〇〇五年に韓国教育開発院がおこなった調査によると、初・中学生の保護者の七九・二％が法的規制の存在を「知らなかった」と回答している（キム・ホンウォンほか二〇〇五：三四）。

早期留学生数がもっとも多かった二〇〇六年度について前記の区分別の内訳をみると、四万五四三一人のうち、未認定留学二万三〇五七人（五〇・八％）、派遣同行八七八三人（一九・三％）、海外移住七一三七人（一五・七％）、自費留学六四五一人（一四・二％）、認定留学三人(○・○%)となっている。違法な未認定留学が非常に多かったことがわかる(教育科学技術部「初・中・高留学生出国および帰国統計」)。

狭義の「早期留学生」数

マスコミ報道や学術論文などで「早期留学生数」として示される数字は、多くの場合、早期留学生数から派遣同行と海外移住を事由として留学した児童・生徒数を除いたものである。韓国で社会問題とされているのは、子どもを外国の教育機関で学ばせることを目的とした留学の増加だからである。この数字は、「純粋早期留学生数」と呼ばれることもあるが、以下ではこれを「狭義の早期留学生数」、あるいはたんに「早期留学生数」と呼ぶことにする。これに対し、派遣同行と海外移住を事由とする児童・生徒を含めた留学生数のほうは「広義の早期留学生数」または「海外出国児童・生徒数」とする。

もちろん、子どもを外国の学校で学ばせる目的で親が海外赴任や移住を希望したり、外国の大学や大学院に留学する場合もあるので、派遣同行や海外移住を事由とした留学のなかにも、実際は子どもの留学を主目的としたケースが含まれていることだろう。子どもの教育を目的とした海外出国児童・生徒数は、マスコミ報道などで示される狭義の早期留学生数よりも多くなるといわれている。また、当初は派遣同行や海外移住の目的で出国したけれども、子どもに外国の学校で勉学を続けさせるために、海外派遣期間終了後に両親あるいは片方の親だけが帰国したり、家族での移住後に父親だけが韓国に戻って働いたりするケースも多くある。

2　早期留学生数の推移

早期留学生数の増減と韓国の経済状況

韓国教育開発院が取りまとめた統計資料[3]を用いて、早期留学生数の推移を概観してみよう。図1-1は、一九九五年度から二〇一五年度までの狭義の早期留学生数の推移である。二〇〇〇年度頃から二〇〇六年度にかけて、早期留学が急激に増加

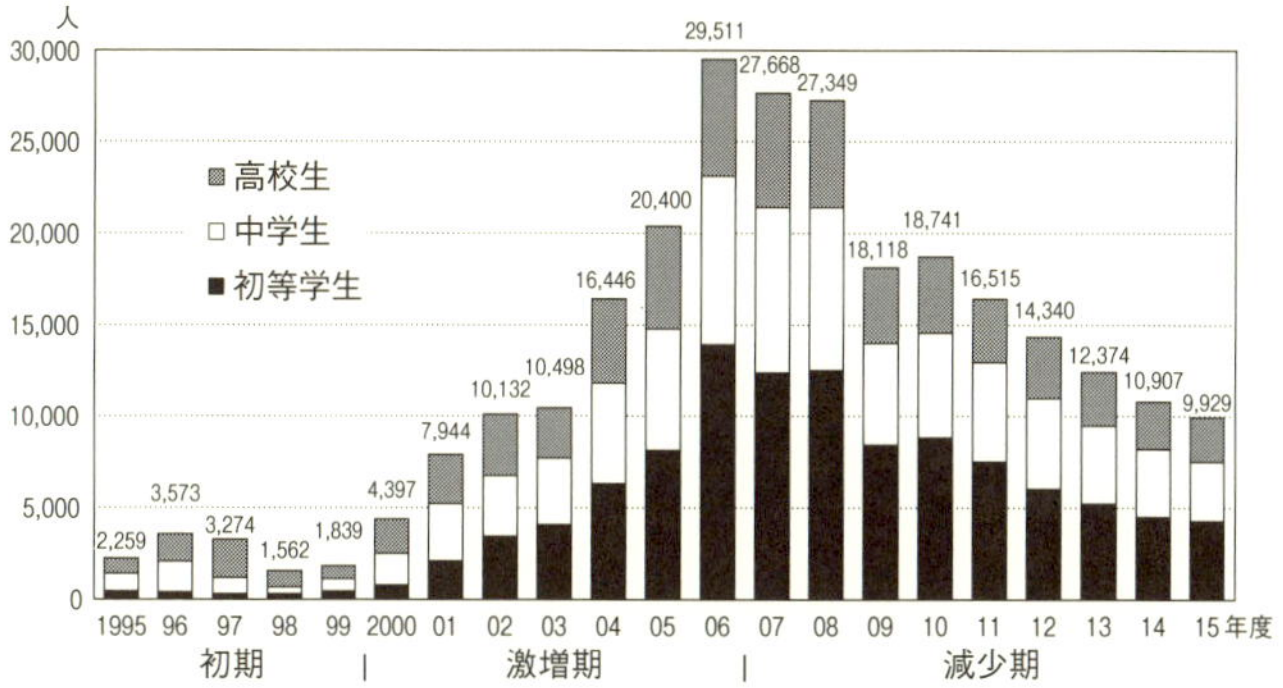

図1-1　早期留学生数の推移

注：親の海外勤務などへの両親がともなう同行および家族全体の海外移住による海外出国児童・生徒を除く。

出所：韓国教育開発院『韓国の教育·人的資源指標』2006、教育部・韓国教育開発院『教育統計分析資料集』各年度より作成。

したことがわかる。とくに初等学生の増加が顕著である。そして、二〇〇七年度以降は減少傾向に転じている。以下、本書では、早期留学の急増が始まる前の一九九九年までを「初期」、早期留学が急増した二〇〇〇年から二〇〇六年までを「激増期」、早期留学が減少に転じた二〇〇七年以降を「減少期」として検討を進めていく。

早期留学ブームは一九八〇年代後半から、韓国経済が成長していくなかで起こった。早期留学についての全国的統計調査が開始された一九九五年度には二二五九人、翌一九九六年度には三五七三人と、留学生数は増加の趨勢にあったが、一九九七年末のアジア通貨危機の影響で一九九八年度には一五六二人に急減した。

その後、経済の回復とともに早期留学生数は増加していった。二〇〇〇年度には通貨危機前を上回る四三九七人となり、二〇〇二年度には一万一三二人と一万人を突破した。二〇〇三年度から二〇〇六年度にかけては飛躍的増大を続け、二〇〇六年度には二万九五一一人と三万人近くに達した。

しかし、二〇〇七年度には二万七六六八人と、通貨危機後、初めて早期留学生数の減少を記録した。リーマンショックを経た二〇〇九年度には、前年の二万七三四九人から一万八一一八人へと、一気に九千人を超える減少をみせた。二〇一〇年度にはやや増加したものの、早期留学生数

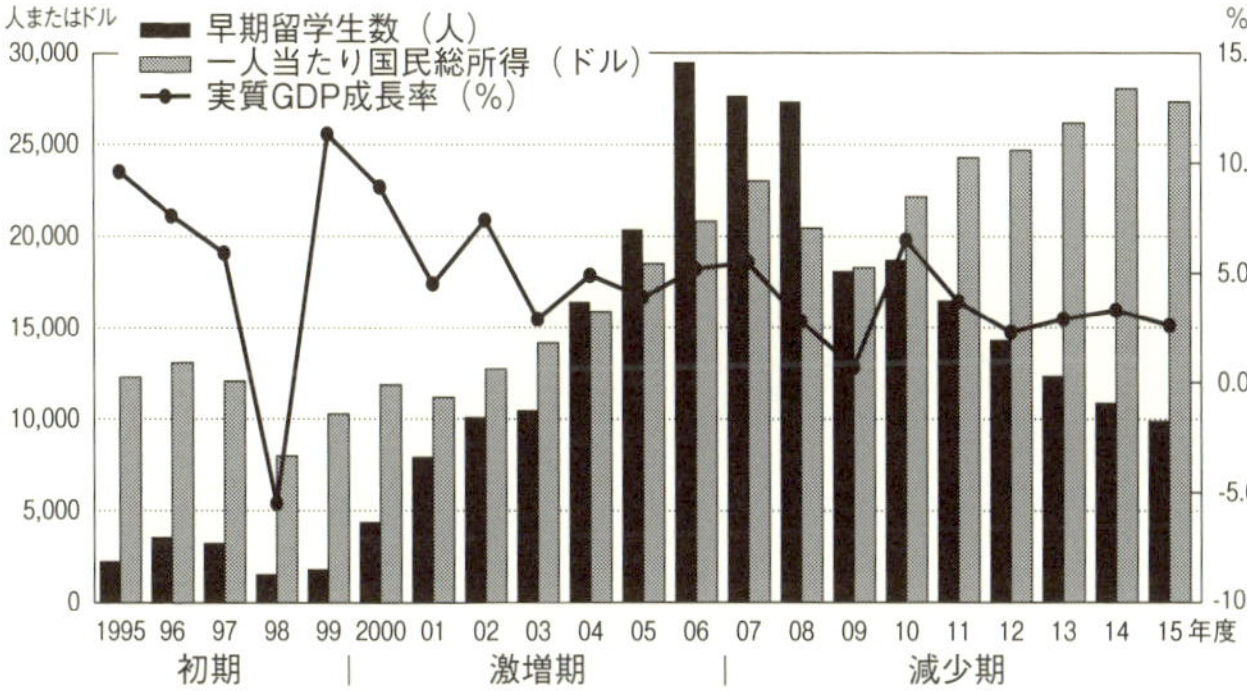

図 1-2　早期留学生数と韓国の経済状況の推移

出所：早期留学生数は図 1-1 に同じ。その他は韓国銀行「国民計定」より作成。

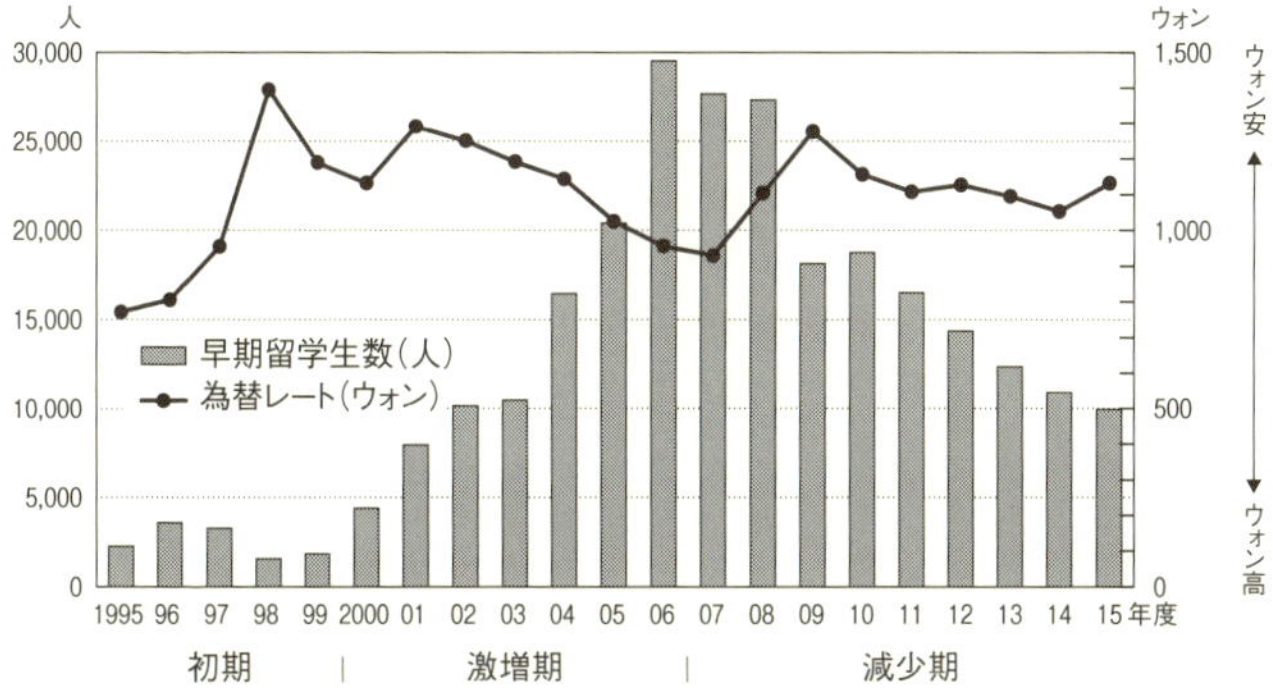

図 1-3　早期留学生数と韓国ウォンの対米ドル為替レートの推移

出所：早期留学生数は図 1-1 に同じ。為替レートは韓国銀行のデータより作成。

は減少を続け、二〇一五年度には一万人を割り、九九二九人と、二〇〇二年度頃の水準にまで減少した。

このように、早期留学生数の増減は、韓国の経済状況に直接的な影響を受けて推移してきたとみることができる。図1‐2は早期留学生数の推移とともに韓国の一人当たり国民総所得（GNI）および実質GDP成長率を示したもの、図1‐3は韓国ウォンの対米ドル為替レートを示したものである。二〇一〇年度頃までは、早期留学生数と一人当たり国民総所得の増減とがよく似た推移を示してきたことがわかる。経済が成長して人々の生活が豊かになり、ウォンの国際的価値が高まって留学費用の負担が軽減されるなかで、早期留学の激増が起こったとみることができる。けれども、二〇一一年度以降は、一人当たり国民総所得が伸びているにもかかわらず早期留学生数が減少するという、これまでとは異なる傾向がみられる。

海外出国児童・生徒数の推移

派遣同行と海外移住も含めた広義の早期留学生数の推移についても確認しておこう。図1‐4は、各年度の早期留学生数の上に、派遣同行と海外移住による海外出国児童・生徒数を積み上げたグラフである。

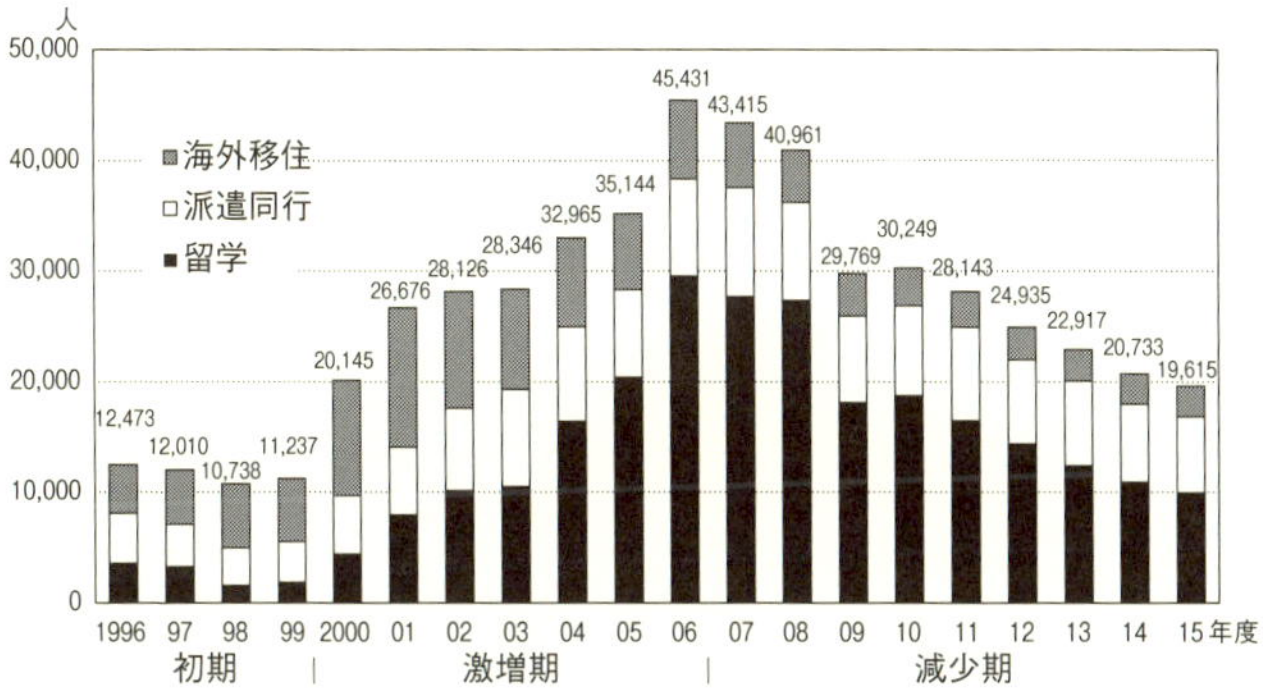

図 1-4　海外出国児童・生徒数の推移

出所：韓国教育開発院「初・中・高留学生出国および帰国統計」各年度、教育部・韓国教育開発院『教育統計分析資料集』各年度より作成。

海外出国児童・生徒数の増減の傾向は、早期留学生数のそれとほぼ同様である。一九九六年度には一万二千人程度であったが、経済危機の影響で一時減少し、その後、経済の回復とともに増加して二〇〇六年度には四万五千人を超えるに至った。そして、二〇〇七年度以降は減少に転じている。

出国の事由についてみてみると、二〇〇二年度までは留学よりも派遣同行または海外移住を事由とした出国のほうが多かったことがわかる。二〇〇五年度以降は、留学を事由とする出国が半数以上を占めている。

派遣同行と海外移住による海外出国児童・生徒数の増減は、早期留学生数の増減とは傾向が異なっている。派遣同行による出国児童・生徒数は一九九六年度には四五三四人だったが、通貨危機後の一九九八年度に三四一九人に減少し、その後増加して二〇〇三年度には八八二三人に達した。それ以降は大きく増加することはなく、二〇〇七年度の九八五五人を最高に八千人から九千人程度を維持していたが、二〇一二年度以降はやや減少傾向にある。いっぽう、海外移住による出国児童・生徒数は、一九九六年度の四三六六人から経済危機の影響を受けた一九九八年度にも五七五七人へと増加をみせ、二〇〇〇年度には一万〇四三八人に急増し、二〇〇一年度に一万二五三七人でピークを迎えた後、減少が続いている。

早期留学生の割合の推移

韓国では、いったい、どのくらいの割合の児童・生徒が早期留学したのだろうか。児童・生徒一万人当たりの早期留学生数の推移をみてみよう。図1-5が示すように、一九九五年度には初・中・高校生全体で一万人当たり二・六人だったが、二〇〇一年度には一〇・一人となり、早期留学生数がピークとなった二〇〇六年度には三八・〇人まで増加した。その後、減少傾向に転じ、二〇一四年度には一七・四人となっている。初・中・高校生のうちでは中学生の割合が高くなっている。初等学生の留学は一九九〇年代後半には非常に珍しかったけれども、二〇〇〇年度以降、大きく増加して二〇〇六年度には三五・二人となり、二〇〇八年度以降は減少傾向にありながらも高校生よりも高い数値を示し続けている。

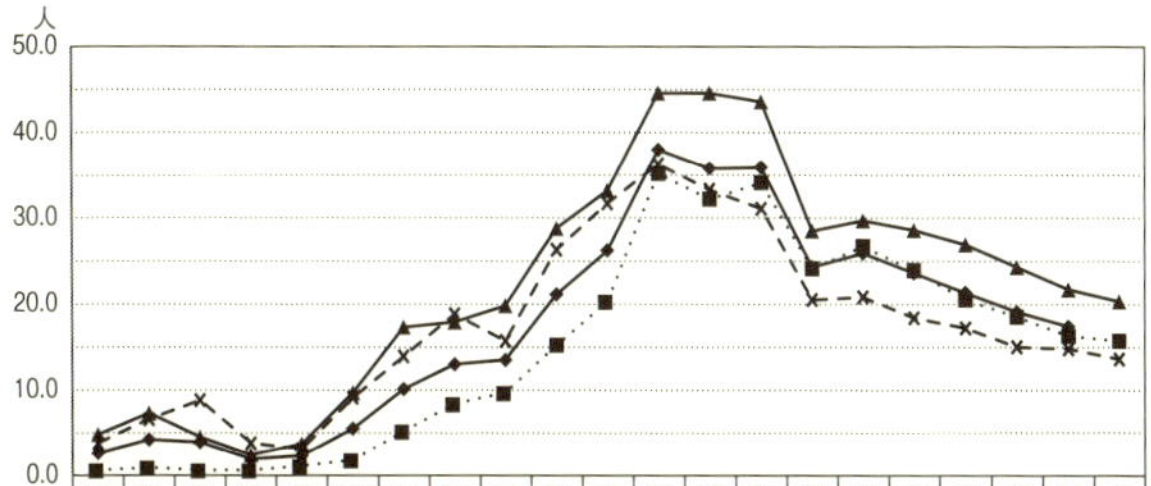

	1995	96	97	98	99	2000	01	02	03	04	05	06	07	08	09	10	11	12	13	14	15
全体	2.6	4.2	3.9	1.9	2.3	5.5	10.1	13.0	13.5	21.1	26.2	38.0	35.8	35.9	24.3	25.9	23.6	21.3	19.1	17.4	
初等学生	0.6	0.9	0.6	0.6	1.1	1.8	5.2	8.4	9.7	15.2	20.3	35.2	32.2	34.1	24.1	26.7	23.9	20.5	18.5	16.3	15.7
中学生	4.8	7.3	4.5	2.4	3.7	9.7	17.3	17.9	19.8	28.8	33.2	44.6	44.6	43.6	28.5	29.7	28.6	26.9	24.3	21.7	20.3
高校生	3.8	6.6	8.8	3.8	3.1	9.1	13.9	18.8	15.7	26.3	31.7	36.3	33.3	31.1	20.5	20.8	18.4	17.2	15.0	14.8	13.6

図 1-5　児童・生徒 1 万人当たりの早期留学生数の推移

注：早期留学生数／当該年度在学児童・生徒数× 10,000。
出所：図 1-1 に同じ。

早期留学生の割合がピーク時でも一万人中三八・〇人、すなわち初・中・高校生全体の〇・三八%という数字は、それほど高くはないと感じるだろう。ただし、地域によってかなりの差があり、とくに首都圏で高い傾向がある。二〇〇六年度の早期留学生の割合は、全体では一万人当たり三八・〇人だったが、ソウル市の初等学生で七一・七人、中学生で九二・二人、高校生で六九・九人、首都圏の京畿道《キョンギド》の初等学生で五三・四人、中学生で六〇・三人、高校生で四七・二人だった。ピーク時には、ソウル市の中学生の一〇〇人に一人ほどが早期留学していたことになる。親の海外勤務への同行や海外移住による広義の早期留学生を含めれば、その割合はもっと高くなる。

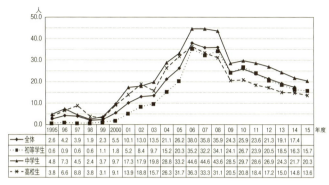

表 1-1　留学先の国・地域別にみた早期留学生数の割合　　単位：%

	2003 年	2006 年	2009 年	2012 年	2015 年
1 位	アメリカ	アメリカ	アメリカ	アメリカ	アメリカ
	32.4	29.6	31.9	34.1	29.2
2 位	カナダ	カナダ	東南アジア	東南アジア	東南アジア
	16.9	15.7	21.9	23.3	19.6
3 位	中国	東南アジア	カナダ	カナダ	カナダ
	12.8	15.6	14.6	13.3	17.3
4 位	ニュージーランド	中国	中国	中国	中国
	12.1	14.3	8.1	9.0	10.8
5 位	オーストラリア	ニュージーランド	ニュージーランド	ニュージーランド	ニュージーランド
	5.9	5.7	6.6	4.0	4.0
6 位	東南アジア	オーストラリア	オーストラリア	オーストラリア	オーストラリア
	5.8	5.1	5.2	3.9	3.8

出所：韓国教育開発院「初・中・高留学生出国および帰国統計」各年度、教育部・韓国教育開発院『簡易教育統計』各年度のデータより算出。

早期留学先の推移

韓国からの早期留学生たちは、どこに留学したのだろうか。留学先としてもっとも多いのはアメリカで、二〇〇三年度以降、早期留学生の三割かそれ以上がアメリカに留学している（表1‐1）。初期のころにはアメリカへの留学が圧倒的に多かったが、早期留学ブームの拡大とともにカナダ、オーストラリア、ニュージーランドなどへの留学が増加し、二〇〇一年からは中国留学ブームが、二〇〇四年からは東南アジア留学ブームが起こった。フィリピンをはじめとする東南アジアは、いまやアメリカに次ぐ留学先としての地位を占めている。

初等学生よりも中学生、さらに高校生のほうが、留学先がアメリカに集中する傾向がみられる。二〇一五年度にはアメリカへの留学が初等学生で二一・三%、

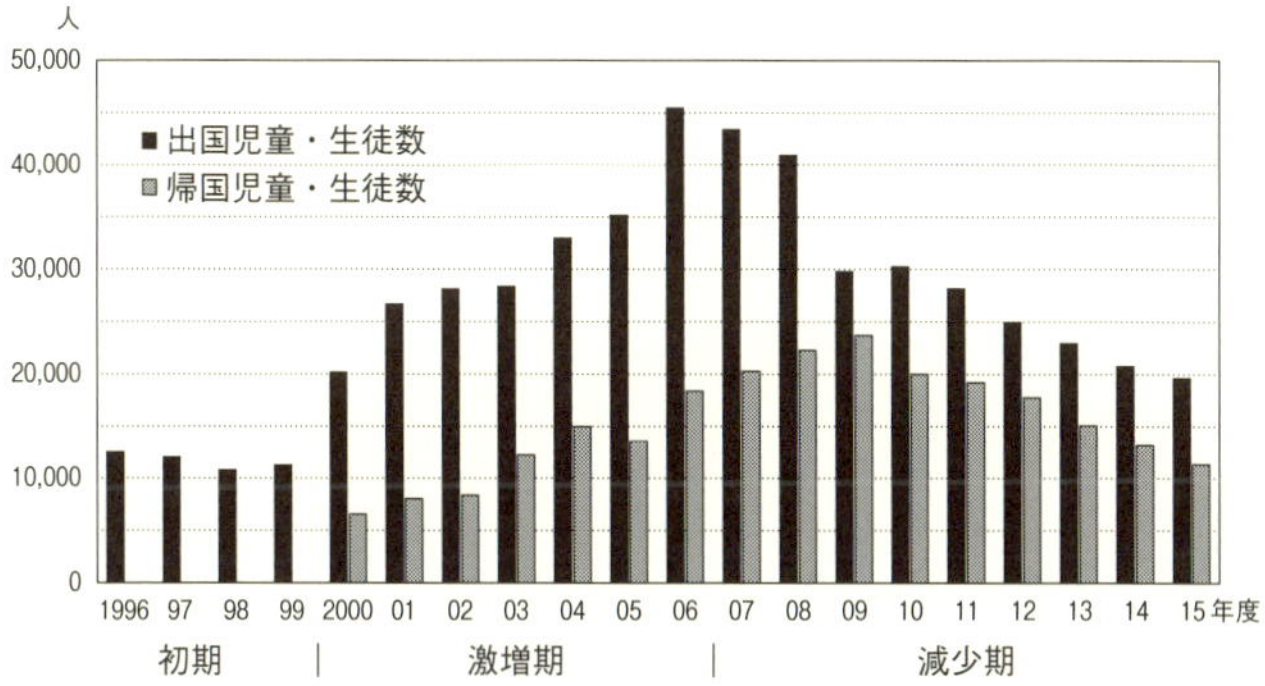

図 1-6　海外出国および帰国児童・生徒数の推移
出所：図 1-4 に同じ。帰国児童・生徒数の 1999 年度以前のデータはなし。

中学生で三〇・二%、高校生で三九・八%を占めた。中国への留学も、初等学生よりも中学生、高校生で高い割合を占める傾向にある。いっぽう、カナダや東南アジア、ニュージーランド、オーストラリアへの留学は、高校生よりも中学生、初等学生で高い割合を占めている。

帰国児童・生徒数の推移

早期留学の増加にともない、海外から戻ってきて韓国の学校に編入する児童・生徒も増えた。図1‐6は、海外出国児童・生徒数と帰国児童・生徒数の推移をひとつのグラフに表したものである。帰国児童・生徒数は「海外から韓国へ初・中・高等学校への編入学を目的として帰国した児童・生徒」の数を調査したものである。二〇〇〇年度には六五六二人だった帰国児童・生徒数は、二〇〇三年度には一万二一九八人と一万人を超え、二〇〇七年度には二万二七七人と二万人を超えて、二〇〇九年度には二万三六九八人に至った。その後は減少に転じ、二〇一五年度には一万一三六二人となっている。海外出国児童・生徒数が二〇〇六年度にピークを迎えているのに対し、帰国児童・生徒数は三年後の二〇〇九年度に最大となっている。

3　早期留学への社会的関心の推移

早期留学に関する新聞記事数の推移

早期留学は、韓国で国民的関心を引く社会問題となり、新聞・雑誌・テレビなどのメディアでもさかんに取り上げられた。ここでは、早期留学に関する新聞記事数の推移を通して、社会的関心の動きをみておこう。

図1‐7は、韓国の新聞記事検索サイトを利用して、一九九〇年以降の新聞記事のうち、見出しに早期留学と関連する語（「早期留学」「教育移民」「キロギ・アッパ」）が含まれている記事の数を年度ごとに示したものである。

はじめに、「早期留学」についてみてみよう。「早期留学」という語は、一九九〇年度にすでに

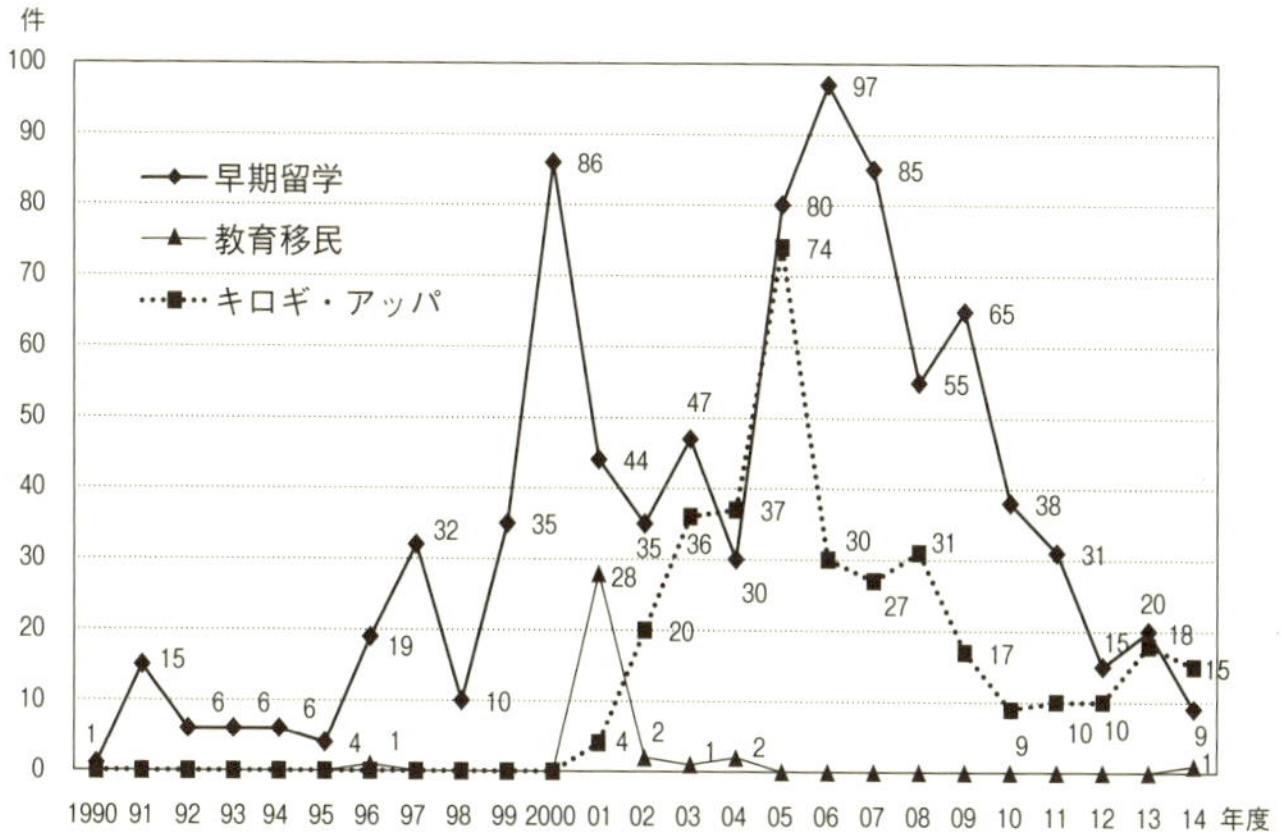

図 1-7　早期留学関連新聞記事数の推移（総合日刊新聞 12 紙の合計）

利用サイト：朝鮮日報（http://db.chosun.com/DBmain.html）、中央日報（http://joongang.joinsmsn.com/）、東亜日報・京郷新聞・国民日報・ネイル新聞・文化日報（1996 年 12 月 1 日〜）・ソウル新聞・世界日報・ハンギョレ・韓国日報・アジアトゥディ（http://www.kinds.or.kr/）、最終確認日 2015 年 6 月 24 日。

注：記事の見出しに「早期留学」「教育移民」「キロギ・アッパ」の語が含まれているものを上記サイトで検索。ただし、早期留学と直接関係のない内容の記事は除外した。年度は、各年の 3 月 1 日から翌年 2 月末日までである。

新聞の見出しに使用されていた。見出しに「早期留学」の語を使用した新聞記事件数が大きく増えているのは、一九九七年度（三二件）、二〇〇〇年度（八六件）、二〇〇五年度から二〇〇七年度（八〇件、九七件、八五件）である。詳細については後の章で述べるが、一九九七年度の記事の増加は政府による早期留学規制措置が、二〇〇〇年度については早期留学全面自由化が話題になったことによるものである。その後は、年間三〇〜五〇件程度に留まっていたが、早期留学生数がピークに達した二〇〇六年度前後には記事数が大きく増えた。その後、記事数は急速に減少し、二〇一四年度にはわずか九件となっている。

「早期留学」と関連の深い語についても、みておこう。「教育移民」とは、子どもの教育を目的とした海外移住のことをいう。図1‐7から「教育移民」の語は二〇〇一年度には見出しに多く使用されたが、その後ほとんど使われなくなったことがわかる。これは、二〇〇一年度に海外移住を目的とした初中高校生の海外出国児童・生徒数が最大値を示し、その後、減少に転じたこと（図1‐4）と符合しているといえるだろう。

「キロギ・アッパ」とは、すでに説明したように、「雁のパパ」という意味で、子どもを外国で学ばせるため、妻子を外国に住まわせ、自らは韓国に残って生計を支える早期留学生の父親たちのことをいう。彼らは、早期留学にともなう家族問題の象徴的存在として、マスコミの注目を集めた。「キロギ・アッパ」という語が新聞記事の見出しに現れるようになったのは二〇〇一年度からである。彼らが経験する経済的負担や孤独は早期留学ブームが生み出した社会問題として注目されるようになり、二〇〇三年度には三六件、二〇〇四年度には三七件、二〇〇五年度には七四件と記事数が大きく増加した。その後、話題性が減少していき、二〇〇九年度以降は二〇件未満に留まるようになった。

新聞紙上での特集記事

韓国での早期留学に対する社会的関心は高く、新聞紙上で特集記事が組まれることもあった。初期には、アメリカなどの海外や韓国内での取材を通して早期留学の現状と問題点を描いた「早期留学、このままでいいのか」（韓国日報一九九二年二月一七日～三月七日、全一八回）、「パラシュートキッドの昼と夜」（中央日報一九九四年五月三〇日～七月一八日、全三二回）が掲載された。「パラシュートキッド[4]（parachute kid）」とはアメリカのマスコミが用いた言葉で、「パラシュート（落下傘）に乗せて敵地に投入するように、海外に投げ出された子ども」という意味である。早期留学がまだ一部の特権層や富裕層のものとされていた時期には、早期留学に対し批判的な目が向けられていた。

早期留学が中間層、さらに庶民層にまで広がり始めると、早期留学に成功するためのノウハウや体験談、現地情報など、読者に留学に必要な情報を提供することを目的とした特集記事が多くみられるようになった。「知ってから行く早期留学」（中央日報二〇〇〇年三月九日～四月二七日、全六回）、「早期留学ＡＢＣ」（東亜日報二〇〇〇年九月二一日～一〇月五日、全三回）、「早期留学ガイド」（東亜日報二〇〇三年一二月三日～一七日、全二回）、「早期留学を考えるなら」（中央日報二〇〇九年九月二九日～一〇月一三日、全三回）、「［パク・ジェヒョンのアメリカ留学成功法」成功するアメリカ早期留学」（韓国日報二〇〇九年一〇月一四日～一二月二三日、全六回）などである。

現場での取材を通して、その時々の早期留学の現状と問題点を描いた特集記事も掲載されている。「早期留学熱風」（中央日報二〇〇〇年三月六日～八日、全三回）、「『中国早期留学』衝撃現場報告」（京郷新聞二〇〇四年一月六日～一〇日、全五回）、「〈歪んだチャイナドリーム〉二部　虚像を追う早期留学」（京郷新聞二〇〇七年一月一九日～二三日、全三回）、「二〇〇七教育シリーズ〈第二部〉早期留学エクソダス」[5]（朝鮮日報二〇〇七年一月二七日～二月一日、全五回）、「東南アジア早期留学狂風」（韓国日報二〇〇八年六月一〇日～一四日、全五回）などである。

早期留学ブームが起こってから一定の期間が経過した二〇〇九年には、一九九四～二〇〇〇年に留学した早期留学生らの現在を追跡取材した「深層リポート――早期留学第一世代の現住所」（朝鮮日報二〇〇九年六月二三日～七月二日、全六回）が掲載された。

二〇一〇年度以降（二〇一四年度まで）は、総合日刊新聞一二紙に早期留学についての特集記事はみられない。早期留学に対する社会的関心は低下してきたようである。

4　韓国の教育熱と留学熱

大学入試をめぐる激しい競争

早期留学現象の推移についての詳しい検討に入る前に、この現象の背景となる韓国の教育と海外留学をめぐる状況について確認しておこう。

学問が重視され、科挙制度に代表される学問を通した立身出世の伝統を持つ韓国の受験競争の激しさは、日本でもよく知られている。一一月の大学修学能力試験（日本の大学入試センター試験にあたる）の日になると、試験会場前に駆け付けて受験生を応援する後輩たちや、遅刻しそうな受験生を試験会場まで送り届けるパトカー、教会や寺院で我が子の受験成功を祈る母親たちなどの様子が報じられる。通勤ラッシュと重ならないよう公官庁や企業の出勤時間が調整されたり、リスニング試験時には飛行機の離着陸時間が調整されるなど、大学修学能力試験は、国をあげての行事となっている。

「大学を出なければ人間扱いされない」とまでいわれることのある韓国では、大学などの高等教育機関への進学率が七〇%に達している。一九九〇年に三三・二%だった高等学校卒業者の高等教育機関進学率（現役進学者のみ）は、一九九五年には五一・四％、二〇〇〇年には六八・〇％、二〇〇五年には八二・一％に上昇し、二〇〇八年には八三・八％を記録した。その後、下降して、近年は七〇％程度で推移しており、二〇一五年には七〇・八％だった（教育部・韓国教育開発院『教育統計年報』）。同年の日本における大学・短期大学等への現役進学率五四・六％（文部科学省「学校基本調査」）と比べると、ずいぶん高い数値である。なお、韓国における中学校卒業者の高等学校進学率は、一九九〇年には九五・七％、一九九六年以降は九九％以上である（教育部・韓国教育開発院『教育統計年報』）。

日本では、幼稚園受験に始まり、小中学校受験、高校受験と、大学受験までの間に受験の機会が複数存在し、高校や大学へのエスカレーター式の内部進学など多様なルートが存在する。これに対し、韓国では、基本的に大学受験までは本格的な入試はなく、大学に入学するには、国公立・私立の別を問わず、志願者のほとんどが大学修学能力試験を受験しなければならない。これは、過度な受験競争に対処するためにとられた政策によるものであるが、このことが結果的に受験競争を大学入学段階に集中させ、大学入試をめぐる競争を熾烈なものにしている（福島二〇一四：六〇―六一）。

韓国の選抜システム

韓国の教育体系は日本と同じ六・三・三・四制であり、義務教育は初等学校（日本の小学校にあたる）と中学校の九年間である。日本との大きな違いは、全国の中学校と主要都市の普通科高校が「平準化」されていることである。「平準化」とは、学校ごとの入学選抜試験をおこなわず、地域ごとに、進学する生徒全体を抽選によってその地域にある学校に振り分け、学校間格差をなくす制度である。進学に有利な一流校をめぐる入試競争の過熱に対処するため、中学校については一九六九年のソウルを皮切りに一九七一年には全国で実施されるようになり、普通科高校については一九七四年のソウルと釜山《プサン》を皮切りに全国の主要都市で実施されている。

中学校進学のさいには、私立校も含め、試験なしに学区内にある居住地に近い学校へ、抽選によって振り分けられる。韓国には、芸術・体育系の中学校など、ごく少数の例外を除き、中学校受験はない。[6]

大学進学を目指す場合には、日本の普通科高校にあたる一般高等学校に行くのが一般的である。高校には、その他に、特性化高等学校（職業系専門高校とオルタナティブスクール）、特殊分野の英才を対象とした専門的な教育を目的とする特殊目的高等学校（科学高校、外国語高校、芸術高校など）、独自の学校運営をおこなう自律高等学校がある。二〇一五年には、中学校卒業者のうち、一般高校に七一・二%、特性化高校に一八・〇%、特殊目的高校に三・六%、自律高校に六・二%が進学している（教育部・韓国教育開発院『教育統計年報』）。

一般高校進学にあたっては、ソウル、釜山をはじめ、おもな都市では「平準化」政策がとられており、私立校も含め、進学者を選抜した後、自治体ごとに定められた方法に従って抽選をおこない、進学先の学校が決められる。進学者の選抜のため、一九七四年の平準化政策施行とともに「連合考査」と呼ばれる高等学校入学選抜試験が導入されたが、一九九七年にソウル、釜山、仁川《インチョン》、光州《クァンジュ》で廃止されたのをはじめ、廃止の趨勢にあり、試験なしに中学校の内申成績のみで進学者が選抜される地域が増えている（BBS NEWS 二〇一六年六月一五日）。「平準化」政策がとられていない地域でも、連合考査の成績と中学校の内申成績、あるいは中学校の内申成績のみで選抜がおこなわれているが、連合考査は廃止の方向に向かっている（ハンギョレ二〇一六年四月二五日）。いっぽうで、平準化の枠外にある特殊目的高校は、一流大学進学のためのルートになっており、受験競争が熾烈である。

大学入試では選抜方式の多様化が進んでいるが、国公立・私立の別を問わず、大学入学志願者のほとんどが大学修学能力試験を受験するという状況に変化はない。大学入試には、一般の受験生を対象とした「一般選考」と特定分野に才能を持つ者や社会的に不利な立場にある者などを対象とした「特別選考」がある。選抜資料として何をどの程度利用するかは大学に任されているが、大学独自の学科試験は受験競争を助長するとして禁じられている。「一般選考」では大学修学能力試験、学生生活記録簿（内申書）、大学別考査（論述・面接など）などにより選抜がおこなわれる。「特別選考」では、書類選考や面接などにより選抜がおこなわれる。特定の受験者層を対象に募集選抜する「特別選考」は、一九九四年に導入された。個性の伸長や英才教育、教育機会の均等化を目的としたものであり、年々増加の傾向にある（金泰勲 二〇〇八：四七―四九）。

また二〇〇七年から大学が採用した学生選抜の専門職である「入学査定官（Admission Officer）」が、受験者が提出した書類（学生生活記録簿、自己紹介書、推薦書、大学修学能力試験の成績など）や面接によって、大学が求める潜在性のある学生を選抜する「入学査定官制」が導入された。入学査定官による選抜は、おもに四年制大学で実施されており、その存在感は年々高まりつつある（松本 二〇一六：三一―三二）。

大学に入学しても競争は終わらない。次に待ち受けるのは大企業への就職をめぐる熾烈な就職競争である。良い成績を維持するのはもちろん、ＴＯＥＩＣの点数、企業インターンシップ、海外留学や語学研修など、韓国の大学生は就職に必要な「スペック」（仕様書を意味する specification の略語。就職のために備えなければならない自分の能力を証明できる学歴や試験の点数など）を整えるのに忙しい。そのため、休学するなどして大学に四年以上在籍する学生も多くなっている。

高い大学進学熱――勉強中心の初・中・高校時代

韓国の子どもたちの多くは、幼いころから大学進学を目指している。二〇〇六年六~七月にベネッセ教育総合研究所が東京二三区内とソウル市内の小学五年生を対象に実施した質問紙調査の結果によると、ソウルでは「四年制大学まで」または「大学院まで」の進学を希望する子どもが合わせて六割を超え(六二・三%)、「専門大学まで」[7]も合わせると、高等教育機関への進学を希望する子どもは七六・五%である。「高校まで」との回答はわずか三・六%に留まっている(図1-8)。いっぽう東京では、「四年制大学まで」または「大学院まで」が約三割(三二・六%)、「短期大学まで」も含めた高等教育機関への進学希望は三九・六%である。[8]「高校まで」という回答は一八・一%を占めている。ソウルの子どもたちが希望する教育段階は、東京の子どもたちよりも高いことがわかる。二〇〇〇年に中村高康らによっておこなわれた高校三年生対象の日韓比較調査でも、韓国の生徒たちは日本の生徒たちに比べて希望する教育水準が高く、中学入学の段階でほとんどの生徒が高等教育(専門大学以上)を希望しており、高校までを希望する生徒はきわめて少ないことが示されている(中村 二〇〇二:七五―七七)。

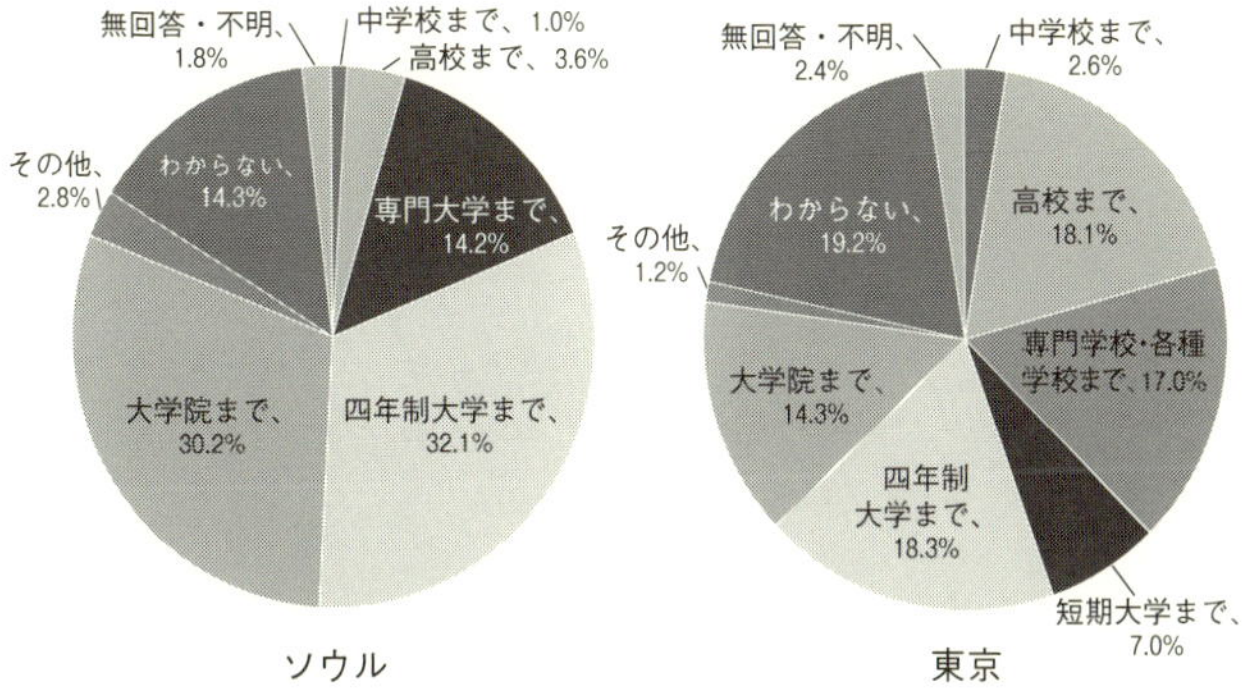

図1-8　小学5年生の希望する進学段階（2006年）
出所：ベネッセ教育総合研究所（2008：54）より作成。

日本の学生たちにとって、韓国の学生たちの初・中・高校時代の生活は「勉強中心」、とくに高校生活は「勉強漬け」の日々と映るようである。私は大阪教育大学での授業で、受講生と協定校であるソウル教育大学の学生たちとの交流の機会を持つことがあるが、受講生たちは、韓国の子どもたちが初等学校の段階から大学入試を意識して勉強していること、中学・高校時代に部活をしないで勉強していることに驚く。

受講生たちにとっては、韓国では初等学校の低学年のうちから児童の大半がピアノ、バレエ、テコンドーなどの習い事や、数学（算数）、英語、科学（理科）などいくつもの塾に通っていることが驚きである。科目ごとの塾があるのは日本と異なる点だろう。学校の前まで塾への送迎車が来てくれることも日本ではあまりないことである。初等学校高学年の子どもたちは、塾で中学校の勉強

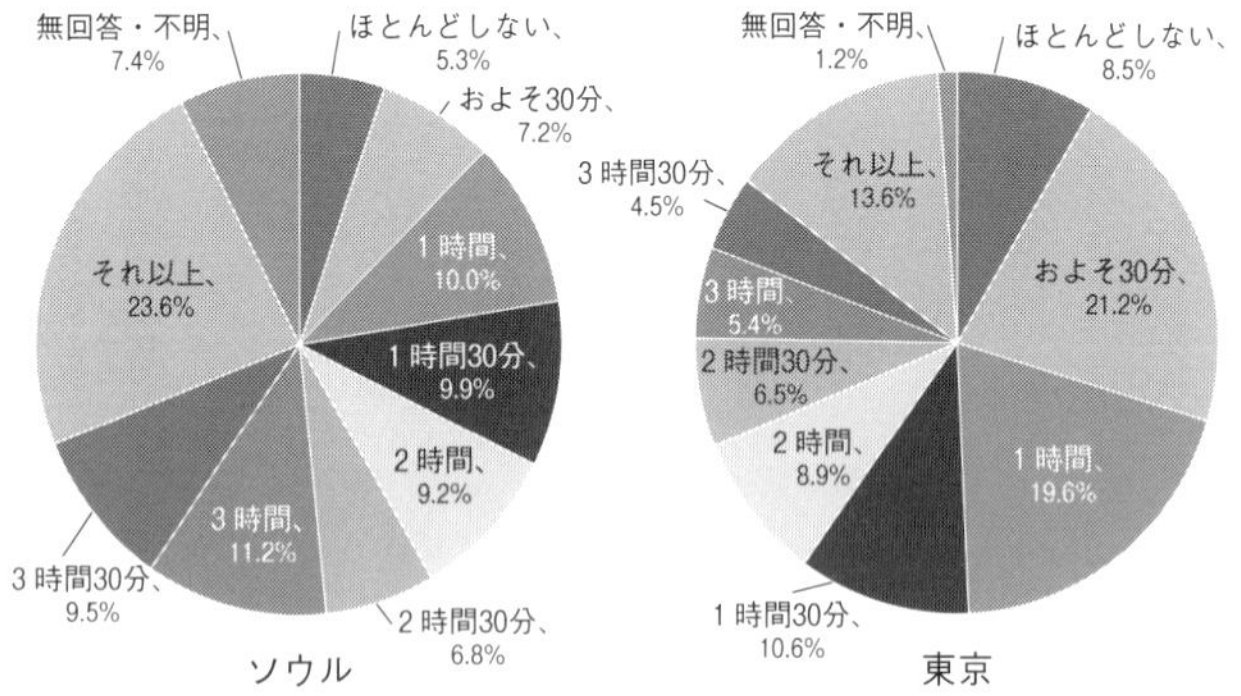

図1-9　小学5年生の平日の学習時間（2006年）
出所：ベネッセ教育総合研究所（2008：30）より作成。

の準備をしたり高校の勉強の準備をしたりすることもある。大学入試までを見据えた教育が、早い段階から始められている。就寝時間は普通の子どもで深夜〇時、エリートコースに進む子どもは一～二時が当たり前と語る学生もいた。私も早期留学についてのインタビューをしたさい、初等学校高学年の子どもを「論述」の塾に行かせているという母親に話を聞いたことがある。小論文はいきなり書けるようにはならないから、大学入試に備えて準備しているのだという。

先にあげたベネッセ教育総合研究所の調査結果によると、小学五年生の平日の学習時間（学習塾や家庭教師を含む）は、東京の場合「約三〇分」（二一・二%）と「一時間」（一九・六%）という回答が多いが、ソウルでは「三時間三〇分以上」が二三・六%を占めた（図1-9）。また、学習塾に通っている子どもの割合は、

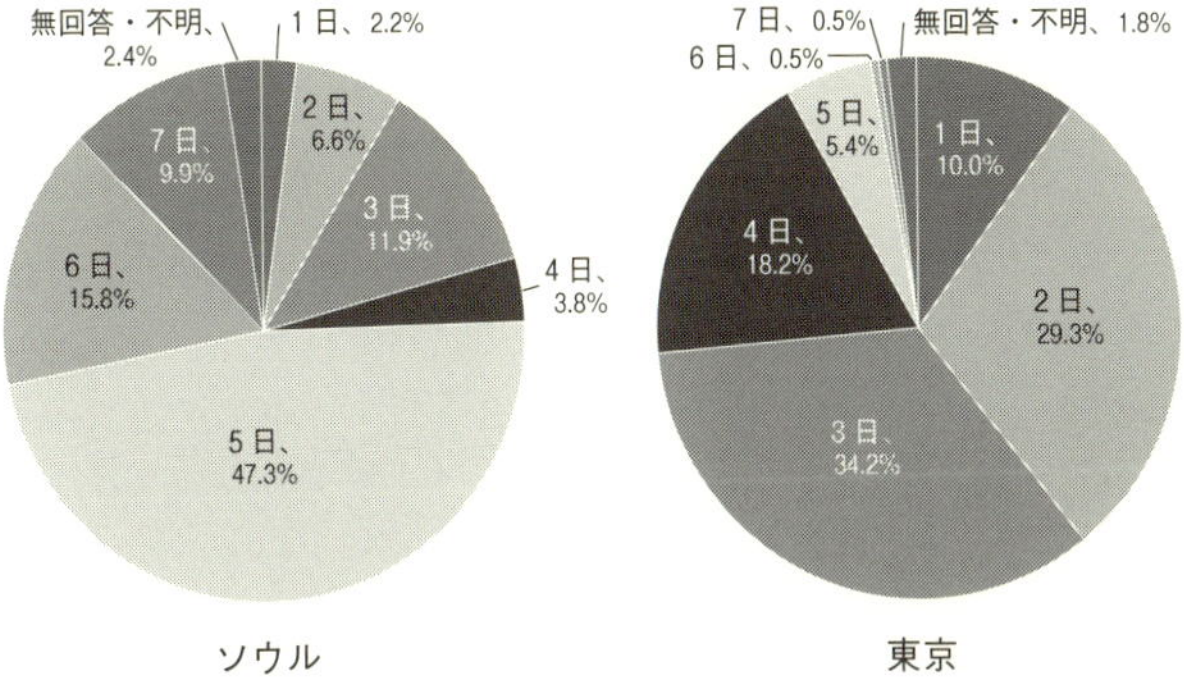

図1-10　小学5年生の学習塾への週当たり通塾日数（2006年）
注：学習塾に行っていると回答した者対象。
出所：ベネッセ教育総合研究所（2008：30）より作成。

東京五一・六%に対しソウル七二・九%であるが、学習塾に通っている子どもの週当たりの平均通塾日数は東京二・八日に対しソウル四・八日と大きな開きがみられた。ソウルでは、学習塾に通っている子どものうち週五日以上通っている者が七三・〇%を占めており（図1-10）、学習塾に通っていない子どもを母数に加えても、全体の五三・二%が週五日以上、学習塾に通っていることになるという（ベネッセ教育総合研究所二〇〇八：三六）。「親は私にいい大学に行くことを期待している」について「あてはまる」と回答した者は、東京の二八・八%に対しソウルでは九三・二%にのぼり、「〔勉強について〕親の期待が大きすぎる」と思っている者は、東京の一六・五%に対しソウルでは五六・五%となっている（ベネッセ教育総合研究所二〇〇八：四四）。

韓国の中学生・高校生の多くが、放課後、部活動をしないで勉強していることも、日本の学生たちにとっては驚きである。とくに韓国の高校では、正規の授業の終了後に「夜自《ヤジャ》（夜間自律学習の略語）」と呼ばれる自習時間が設けられており、ほとんどの生徒が二二時頃まで学校に残って勉強するという。そのため、昼食だけでなく夕食も学校の食堂で食べていたそうだ。外国語高校出身の学生は、入学した翌日から夜自が始まり、テスト前には自習室が二四時間開放されていたと話してくれた。夜自の後、帰宅してから、さらに勉強する生徒も少なくないそうだ。進学校であっても「文武両道」などといわれ、部活動に積極的に取り組んできた日本の学生たちにとって、韓国の高校生の生活は勉強漬けの毎日と映り、韓国が厳しい学歴社会であることを実感させられるようである。

高い海外留学熱

韓国では、海外留学に対する熱意も高い。その理由としては、朝鮮戦争以降、アメリカが圧倒的な存在感を持つようになったこと、在米韓国人の存在がアメリカ留学を促したこと、アメリカ留学組のサクセスストーリーが若者を留学に駆り立てる影響力を持ってきたことなどとともに、韓国企業の海外市場への依存度が高く、社員に高い英語力を求めること、そのため厳しい就職戦

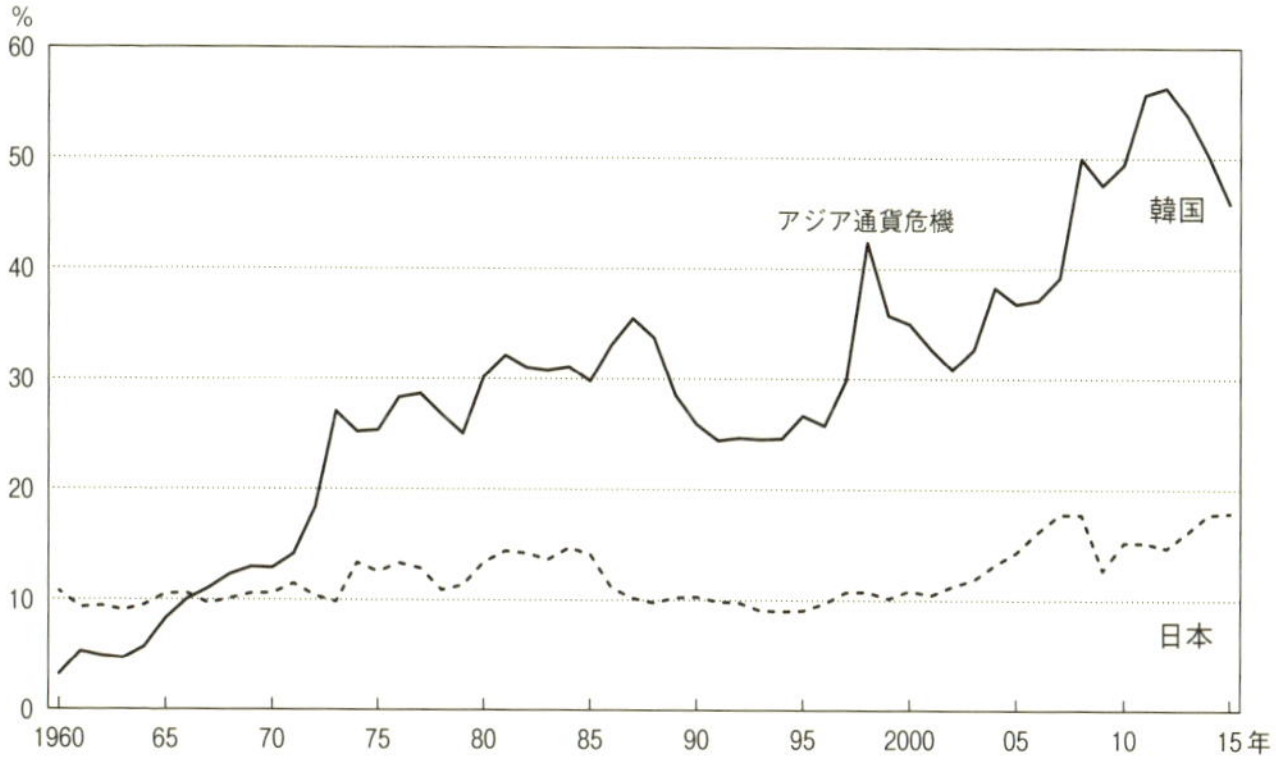

図 1-11　輸出依存度の推移

注：GDP に占める輸出額の割合。
出所：The World Bank, World Development Indicators（2016）より作成。

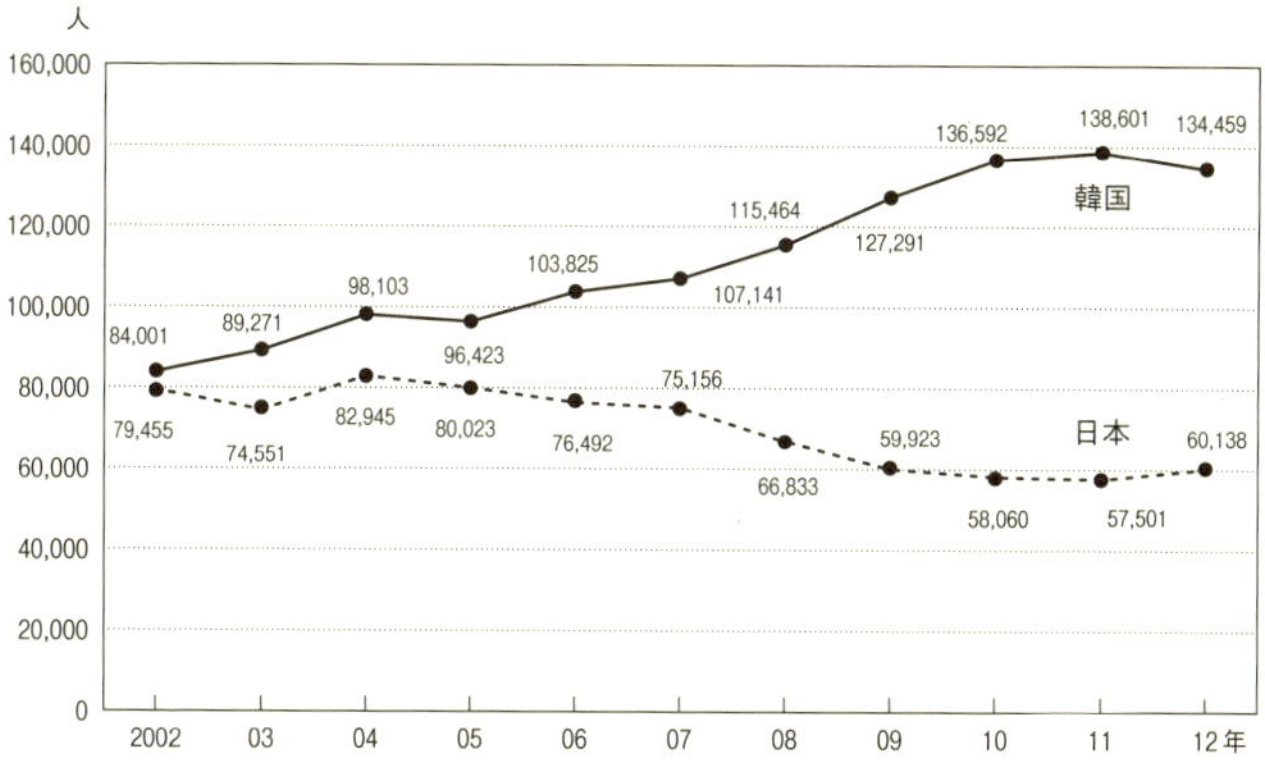

図 1-12　高等教育機関への海外留学者数の推移

注：海外の高等教育機関のおもに正規課程に在籍している者の数。
出所：OECD, Education at a Glance（文部科学省提供データ）より作成。

線を勝ち抜くには英語力が必須とされていること、外国で形成した人脈が帰国後有利に働くことなどの経済・社会的な事情があげられている（岩淵 二〇一三：一三九―一五〇）。韓国の輸出依存度は日本に比べて高い。日本が一〇％台を維持しているのに対し、韓国はアジア通貨危機以降、三〇％台から五〇％台の高い数値を示している（図1‐11）。

図1‐12は、OECDの「図表でみる教育（Education at a Glance）」をもとに文部科学省が取りまとめた、大学などの高等教育機関への海外留学者数の推移についての統計である。これによると二〇〇二年以降、韓国は留学生数が増加の傾向にあり、二〇〇二年から二〇一二年の間に約八万四千人から約一三万四千人へと増加している。いっぽう日本では、二〇〇二年の約七万九千人から、二〇〇四年の約八万三千人をピークに減少し続け、二〇一二年には約六万人になっている。韓国の人口が約五千万人、日本の人口が約一億三千万人であることを考慮すれば、韓国から海外の高等教育機関への留学は、日本に比べて相当多いといえるだろう。

留学に対する高校生の意識の違いからも、韓国の留学熱の高さをうかがうことができる。一ツ橋文芸教育振興会および日本青少年研究所が二〇一一年に実施した「高校生の生活意識と留学に関する調査[9]」より、日韓の普通科の高校生に「もし可能なら、あなたは外国へ留学したいと思いますか」とたずねた結果を示したものが、図1‐13である。これによると、韓国の高校生の八割

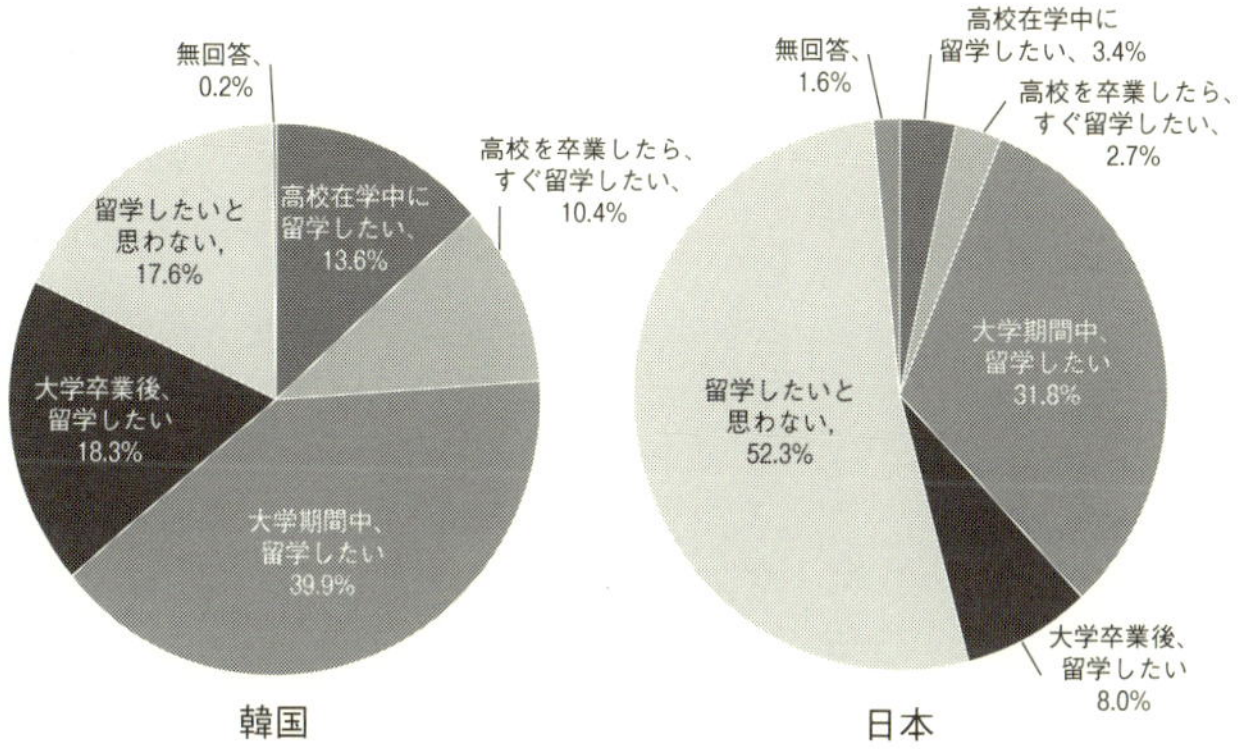

図 1-13　高校生（普通科）の留学の希望（2011 年）
出所：一ツ橋文芸教育振興会・日本青少年研究所（2012：96）より作成。

以上が留学を希望している。高校在学中の留学を希望している者（一三・六%）、高校卒業直後の留学を希望している者（一〇・四%）も少なくない。いっぽう日本では、留学を希望する生徒は四五・九%で、半数以上の生徒が「留学したいと思わない」と回答しており、留学に対する日韓の高校生の意識に大きな差があることがわかる。

以上で、韓国の早期留学現象について、背景となる韓国の教育事情も含め、大まかなイメージを持っていただけたのではないかと思う。初・中・高校生の海外留学は、初期には富裕層や海外駐在員の子女など限られた人たちのものであったが、二〇〇〇年から二〇〇六年にかけて韓国経済の成長とともに激増し、中間層、さらには庶民層にまで拡大していった。そして、二〇〇七年以降は、減少に転じている。

この早期留学ブームはどのようにして起こり、どのように拡大していったのだろうか。早期留学生やその家族は、どのような経験をし、どのような思いを抱いたのだろうか。そして、ブームはどのように縮小していったのだろうか。次章からは、時間の流れに沿って、韓国の早期留学現象を追っていく。

注

1 教育政策研究を専門とする政府系シンクタンク。
2 韓国の学年度は、日本と異なり、三月一日から翌年二月末日までである。
3 早期留学関連統計のほとんどは、韓国教育開発院、教育統計・研究センターの「教育統計サービス」(http://kess.kedi.re.kr/index) から閲覧することができる。
4 通常は、複数形の parachute kids が使われる。詳しくは、第5章参照。
5 大量国外脱出。
6 全国に四校ある国際中学校をめぐっては、外国語高校を経て一流大学へとつながるエリートコースとみなされ激しい入試競争があったが、入学・編入をめぐる不正事件の発生を機に、ソウル地域では二〇一五年度から入学者の選抜をすべて抽選でおこなうようになった。
7 専門的職業人の養成を目的とする二年制または三年制の大学。日本の短期大学または専門学校に相当する。
8 韓国の専門大学に近い性格を持つ「専門学校・各種学校まで」を加えても、五六・六%である。

9　韓国については、韓国青少年政策研究院の協力を得て実施されている。調査方法の詳細については、一ツ橋文芸教育振興会ほか（二〇一二：四）参照。

参考文献

（日本語文献）

岩渕秀樹　二〇一三『韓国のグローバル人材育成力——超競争社会の真実』講談社現代新書。

金泰勲　二〇〇八「韓国の大学入試制度に関する考察」『国際基督教大学学報』Ⅰ‐A、教育研究五〇、四一—五三頁。

中村高康　二〇〇二「教育アスピレーションの加熱・冷却」中村高康・藤田武志・有田伸編『学歴・選抜・学校の比較社会学——教育からみる日本と韓国』東洋館出版社、七三—八九頁。

一ツ橋文芸教育振興会・日本青少年研究所　二〇一二『高校生の生活意識と留学に関する調査報告書』日本青少年研究所。

福島みのり　二〇一四「教育システムと受験競争」石坂浩一・福島みのり編『現代韓国を知るための六〇章（第二版）』明石書店、六〇—六四頁。

ベネッセ教育総合研究所　二〇〇八『学習基本調査・国際六都市調査報告書』。

松本麻人　二〇一六「韓国における大学入試改革——新たな『学力』の評価への挑戦」『比較教育学研究』五三、一二八—一三九頁。

（韓国語文献）

キム・ホンウォンほか　二〇〇五『早期留学に関する国民意識調査研究——規制順応度を中心に』韓国教育開発院。

第2章　初期の早期留学

第2章では、早期留学生が急増し始める前の初期の動向をみていく。この時期の早期留学はまだ限られた人たちのものであり、早期留学生のほとんどが中・高校生であった。

1　早期留学ブームの始まり

留学の機運の高まり

「八〇年代には毎年、生活が変わった」と韓国人の友人が話してくれた。冷蔵庫が入ってきて、中古の白黒のテレビを買って、それがカラーになった。電子レンジも買った。両親が共働きをすれば家が買えるようになり、買った家を貸して別の家に住んだりしながら、新しい家を手に入れた。彼女は自分たちの家族の八〇年代を「ハードが整っていった時代」と表現した。韓国における一九八〇年の一人当たり国民総所得（GNI）は一六八六ドルだったが、一九八五年には二四〇〇ドルに、一九九〇年には六五〇五ドルに増加した。

一九八〇年代の韓国では、経済規模の拡大と国際収支の改善にともない、外国への門戸が開かれていった。海外旅行の規制が段階的に緩和され、一九八九年には全面自由化された。一般の人もお金さえあれば外国に行けるようになったのである。また、一九八八年のソウルオリンピック開催に向けて、国際化の機運が高まった。こうしたなか、留学を希望する人たちが急増し、大学・大学院での修学および語学研修のため国外に出ている韓国人留学生は、一九八五年の二万四三一五人から一九九一年の五万三八七五人へと大きく増加した（教育科学技術部「国外留学生統計」）。

けれども、一般の人々にとって留学は八〇年代には手が出せそうな感じではなかったそうだ。一般の人々が留学のためにお金を出すようになったのは、九〇年代のことだという。

大学より前の段階の児童・生徒が留学する早期留学ブームは一九八〇年代後半から起こり始め、一九八九年の海外旅行全面自由化をきっかけに拡大し、金泳三《キム・ヨンサム》政権（一九九三年発足）の「世界化」政策のもとで過熱していったといわれている。

マスコミによる「逃避性留学」批判

一九九〇年代初頭から一九九六年頃までの早期留学に関する新聞記事をみると、そのほとんどが、早期留学の多くが一部の富裕層による「逃避性留学」であると批判する内容である。

「逃避性留学」とは、逃避的な理由による留学をいう。親が子どもを留学させる理由が、①現行の教育制度が気に入らないから、②どうせ良い大学に行くのは難しそうだから、③私教育（学習塾・家庭教師など）にかかる費用よりも留学費用のほうが安いから、④外国語だけでもちゃんとできれば食べていけるから、などの逃避的なものがほとんどであるというのである（中央日報一九九〇年一〇月三一日など）。

「逃避性留学」の直接の目的は大学進学、すなわち子どもに大卒の学歴を与えることにあるとされた。新聞紙上で紹介された早期留学生の親たちの声をみてみよう。「ものすごい私教育費をつぎこんでも高校卒業生の二八％ほどしか大学に行けない現実を勘案してアメリカへ行かせた」（韓国日報一九九二年二月一七日）、「自分の子の実力はわかっています。どう努力しても大学に行けないのがわかっていて、その後はどうすればいいでしょうか。それでも、教育機会が多いアメリカで、大学は出ることができるのではないか」（韓国日報一九九二年二月二六日）、「大学問題のために冒険をしようとした。大学を出なければちゃんとした扱いを受けられない風土で、高校卒業生の四分の一程度しか大学に入れない明確な現実を知りながら、息子をそのまま放っておくわけにはいかなかった」（同前）。

高等学校から大学などの高等教育機関への進学率は一九九〇年三三・二％、一九九三年三八・四％であり、限られた大学入学定員をめぐって熾烈な競争が繰り広げられていた。そこで、一部の富裕層の親たちが成績不振の子どもを大学に行かせるために、法の網をくぐって留学させていると批判されたのである。

当時、留学とは、修学能力があり、優秀な資質を持つ学生が先進国に行って国内では成し得ない高い水準の学問を学び、帰国して新たな科学技術を導入し、文化や産業の発展に活用することが本来の目的であると考えられていた。修学能力が不足する学生による大卒の学歴取得を目的とした留学は、これにそぐわないものとみなされた（東亜日報一九九一年四月一七日）。

また、当時は初・中学生だけでなく、高校生の留学も原則違法とされていた。外国への私費留学資格は「国外留学に関する規定」により「高等学校卒業以上の学歴があるか、これと同等以上の学歴があると認定される者で、私費留学外国語試験に合格するか、同試験が免除された者」に制限されていた。初・中・高校生については、芸術・体育・科学などの分野で特別な技能を持つ者などに対し特例として認められていた。文化教育部は「高等学校卒業以上の学歴の者が、私費留学試験を受けて留学することが望ましい」という立場をとっていたが（中央日報一九九〇年一〇月三一日）、違法な留学の実態をつかむことさえ難しく、事実上黙認されている状況であった。

江南からアメリカへ――局地的な早期留学ブーム

初期の早期留学ブームは、ソウル市、とくに富裕層が多く教育熱の高い江南地域で起こった局地的な現象であった。ソウル市教育庁によると、ソウル市内の高校在学および卒業生のうち国内の大学進学を放棄して海外留学した生徒は一九八六年一二七人、一九八七年三二人、一九八八年九二人であったが、海外旅行自由化以後、急増し、一九八九年六一五人、一九九〇年六〇三人になったという。そして、違法な留学生のほとんどが成績不振の高校生、または大学入試に失敗した高校卒業生で、ソウル市の「江南八学群」の生徒が主流であるとされた（中央日報一九九一年四月一九日）。

早期留学ブームにのって、ソウル市の江南地域では留学先の紹介や留学に関する手続きの代行をする「留学院」などと呼ばれる留学専門の代理店が大きく増え、出国前の語学研修から現地での留学生活の世話までする留学院も登場した（中央日報一九九〇年一〇月三一日）。同時に、観光ビザで海外に行かせたり、本来必要ないアメリカの公立学校の授業料を先払いさせたり、現地ブローカーと結託してスラム街や山中のとうてい学校とはいえないところに送り込んだりするというような、留学代理店による違法行為や詐欺事件なども発生した（中央日報一九九一年四月一九日など）。留学代理店を通す以外には、父親の海外赴任後の帰国時に子どもを残してくる、観光の名目で出国して親戚の家に子どもを預けてくる、などの方法がよく使われた（中央日報一九九〇年一〇月三一日）。

留学先はアメリカが圧倒的に多かった。アメリカでも教育水準が高いことで知られるニューヨーク、ボストンなどの東部地域には、一万人ほどの韓国の早期留学生が集まっており、ロサンゼルス、サンフランシスコなどの西部地域にも数千人の早期留学生がいるとされた。留学先はアメリカ以外にもカナダ、オーストラリアをはじめ、フィリピン、香港、マレーシア、ハンガリー、チェコ、フランス、インドにまで広がっていた（韓国日報一九九二年二月一七日）。

マスコミの描いた初期の早期留学生像——不良少年・少女たち

新聞紙上では、富裕層子女の違法な早期留学の問題点を指摘する記事が多くみられたが、そこで描かれたのは、学校の勉強についていけず、集団で大金を使って遊びまわり、性・アルコール・麻薬などのトラブルに巻き込まれ、言語や文化への不適応に苦しむ早期留学生の姿だった。表2-1は、アメリカと韓国での取材をもとに早期留学の問題点を描いた韓国日報の連載記事「早期留学、このままでいいのか」（一九九二年二月一七日〜三月七日）の見出し一覧である。「『適性に合う教育』勉強するには『天国』」（第一〇回）、「喝采を受ける模範生も多い」（第一六回）のように、アメリ

表2-1　新聞の連載記事「早期留学、このままでいいのか」の見出し一覧

1	「入試地獄避けよう」脱出ラッシュ
2	豪華アパートに家政婦まで／超豪華車を走らせパーティ参加に「奔走」
3	少女留学生たち「性の落とし穴」にお手上げ
4	「アウトサイダー」　一部では「酒・麻薬に逃避」
5	過保護のなかで成長　自立精神虚弱
6	韓国人　上・下級生間「暴力規律」
7	高い英語の壁……　授業時間が怖い
8	「ひと月に数万ドル」　巨額課外授業の熱風
9	狭い大学の門、入試地獄に追い込まれ
10	「適性に合う教育」勉強するには「天国」
11	「〔早期留学に対する〕韓国人の無条件の否定、理解できない」
12	出国時に不法　入学時にも脱法
13	節約しても年間費用2千余万ウォン
14	寄宿舎は優等生・問題児の分かれ道
15	韓国人なのか……アメリカ人なのか……「居場所がない」
16	喝采を受ける模範生も多い
17	大学に入っても卒業が難しい
18	「徹底した準備・覚悟が勝敗左右」

出所：『韓国日報』1992年2月17日〜3月7日。

カの教育の優れた点や、留学によって大きく成長した生徒の事例を紹介する記事もあるが、留学にともなうさまざまな問題を通して留学はそう簡単ではないことを読者に知らせ、準備と覚悟を持ってのぞむよう警告する内容になっている。

その後も、ロサンゼルスで高校を中退した一七歳の早期留学生が窃盗中に射殺された事件（東亜日報一九九三年五月二九日など）、アメリカ大学入学学力試験での替え玉受験の発覚（世界日報一九九三年六月一八日）、

ニューヨークやオーストラリアなど現地の韓人会関係者による早期留学生の不良行為・精神疾患・自殺などの問題の指摘（中央日報一九九四年一月六日、朝鮮日報一九九四年二月二〇日）など、「逃避性留学」をした留学生の犯罪や問題行動などが繰り返し報じられ、その問題点が指摘された。なかでも一九九四年五月に起こった男子留学生による両親殺害事件の報道は「逃避性留学」に対する社会の目をいっそう厳しくさせた。一代で財を成した父親が成績不振の大学生の息子をロサンゼルス近郊の語学学校に留学させたところ、良くない友人たちと大金を使って遊びまわるようになり、父親がこれを厳しく叱責したため両親殺害に及んだ事件であった（朝鮮日報一九九四年五月二七日）。

2　早期留学ブームの過熱

「世界化」政策と教育改革

一九九三年に金泳三政権が発足すると「世界化」（グローバル化）が国家政策とされ、韓国が世界経済体制に組み込まれていくなかで国際競争力を構築していくことが課題とされた。軍人出身の大統領が長く続いた後、初の文民政権を誕生させた金泳三大統領は「新韓国創造」という基本方針のもと、国政の全分野にわたる改革を主張した。教育の分野では大統領の諮問機関である教育改革委員会が組織され、教育改革が推進された。教育改革委員会が一九九五年五月三一日に提出した報告書『世界化・情報化時代を主導する新教育体制樹立のための教育改革方案』（五・三一教育改革方案）は、国際競争を勝ち抜く人材の養成を主題としたものであり、グローバル化に対応するための教育改革の発端となるものであった（馬越 一九九九：一九五―一九七、石川 二〇一四：二二四―二二五）。韓国は同年一月に発足したWTO（世界貿易機構）への加盟により、まさに世界経済体制に組み込まれつつあった。

五・三一教育改革方案には、それまで韓国の教育の量的成長を支えてきた「画一」と「統制」から、二一世紀に対応した「多様」と「自律」、「評価」と「競争」の原則への転換の必要性が示された（馬越 一九九九：一九五―一九七）。そして、学習者の多様な個性の尊重、人格および創造性の涵養、選択科目の拡大、水準別カリキュラムの導入、外国語教育やICT教育の強化、大学設立認可制から準則主義への転換、大学定員および学事運用の自律化などの改革案が示された（石川 二〇一四：二二五、丹羽 一九九九）。

外国語教育は世界化のための核心的課題とされ、一九九七年から初等学校三学年からの英語教育が開始されることになった。初等学校の英語正規教科化は幼稚園での英語教育などの早期英語

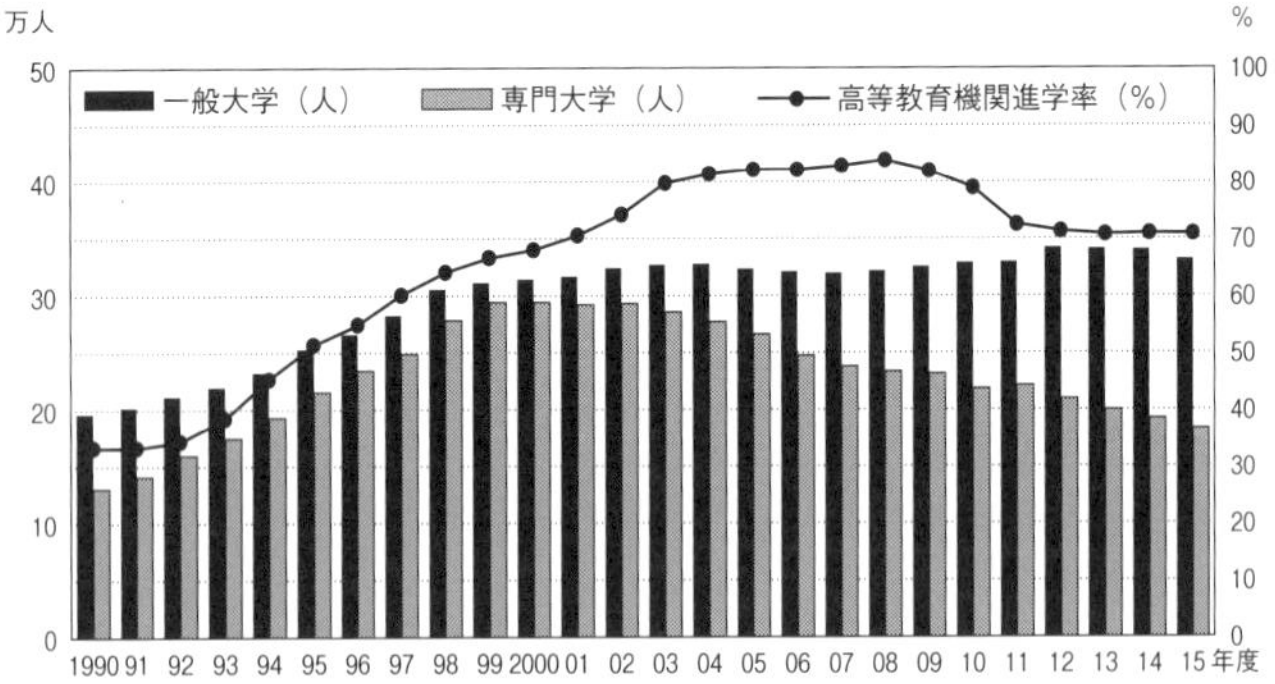

図 2-1　大学入学定員と高等教育機関進学率の推移

出所：大学入学定員は教育部・韓国教育開発院『簡易教育統計』各年度、高等教育機関進学率は同『教育統計年報』各年度より作成。

教育熱を呼び起こし、英語塾や子どもの海外語学研修などの英語の私教育市場の膨張をもたらした（イ・ミンス二〇一一：三七一）。

また、軍事政権下の韓国では大学入学定員の決定権を政府が事実上独占しており、政府主導の定員抑制政策が続いていたが、五・三一教育改革により、教育および財政の規模などで法定基準を充足すれば大学を自由に設立できる「大学設立準則主義」が導入され、大学定員の決定権限を各大学に移す「大学定員自律化」が進められて、大学入学定員数の大幅な増加が実現された。大学入学定員が少なく大学の門戸が狭いことが、いわゆる「逃避性留学」の要因となっていたが、これが改善されたのである。一九九三年には一般の四年制大学[1]が一二七校（定員約二二万人）、専門大学が一二八校（定員約一七万人）あったが、一九九五年には一般の四年制大学が一三一校（定員約二五万人）、専門大学が一四五校（定員約二三万人）に増え、一九九八年には一般の四年制大学が一五六校（定員約三一万人）、専門大学が一五八校（約二八万人）と大きく増加した（教育部・韓国教育開発院『簡易教育統計』、図2‐1）。これにともない、高等学校から大学などの高等教育機関への進学率も一九九三年三八・四％から一九九五年五一・四％、一九九八年六四・一％と急速に上昇した。

けれども、大学入学定員の増加により、大学入学をめぐる競争が下火になることはなかった。むしろ、競争への参加者が増加し、増えた参加者の間で「良い大学」への入学をめぐる熾烈な競争が繰り広げられるようになった。

文民政権のもと、韓国は経済成長を続けた。一九九四年には一人当たり国民総所得が一万ドルを超え、一九九六年にはＯＥＣＤ（経済協力開発機構）[2]への加盟を果たした。

早期留学生の増加

留学生政策では一九九四年に「国外留学に関する規定」が改定され、海外留学を奨励するために私費留学外国語試験が廃止され、高卒以上の者の私費留学が自由化された。大学生以上の国外韓国人留学生数は、一九九三年の八万四七六五人から一九九七年の一三万三二四九人へと大幅な

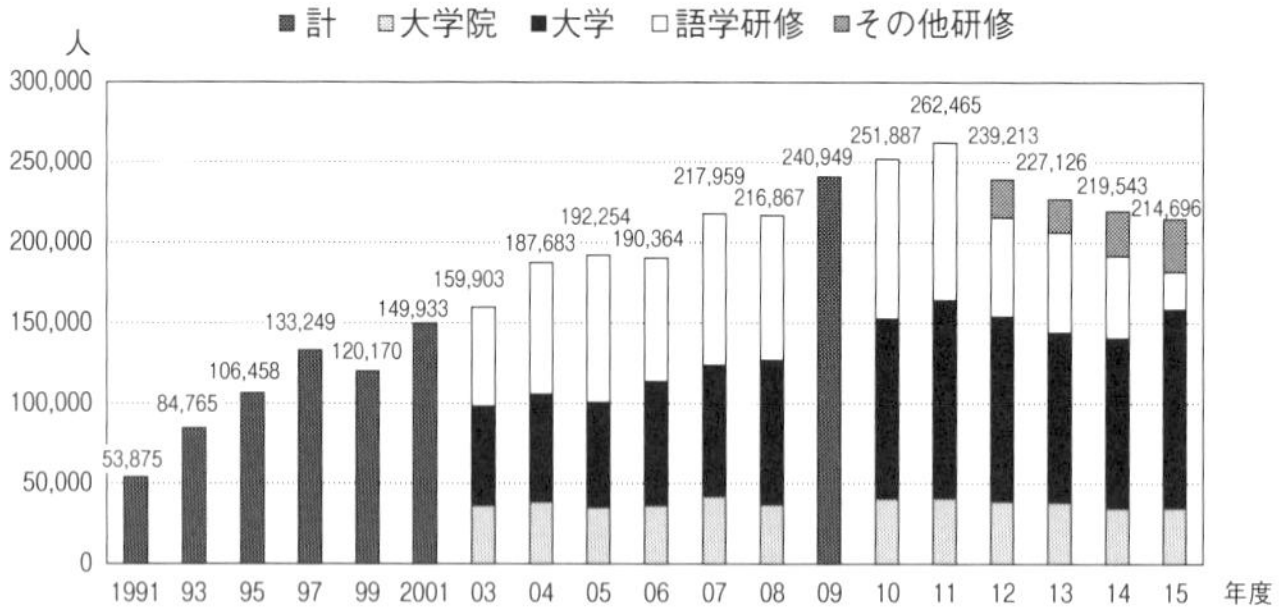

図 2-2　国外韓国人留学生数の推移（大学以上）
出所：教育部「国外韓国人留学生統計」各年度より作成。

増加を示した（図2-2）。大学生の語学留学が一般化したのは一九九五〜九六年頃のことといわれている。

いっぽう、中・高校生の不法早期留学に対しては規制が強化され、留学を用途とした在学証明や成績証明書などの書類の発行が許可されなくなることになった。教育部は中・高校生に対しても基本的に数年以内に留学を自由化する方針であったが、マスコミ報道などで提起されている早期留学の問題点を勘案して、規制を強化することになったという（中央日報一九九四年七月一一日）。海外留学の増加にともない、教育部では、各国の教育制度と海外留学手続き、留意事項などを盛り込んだ『海外留学のための案内書』を発刊し、全国の市・道教育庁と学校に配布した（中央日報一九九五年三月二〇日）。

「世界化」が国家政策となってから、早期留学ブームはさらに過熱した。韓国教育開発院により早期留学についての全国的統計調査が開始された一九九五年度には二二五九人、翌一九九六年度には三五七三人が早期留学している。とはいえ児童・生徒一万人当たりの早期留学生数は一九九六年度で四・二人、すなわち〇・〇〇〇四二％に過ぎない。早期留学はまだごく限られた人たちのものであったといえるだろう。早期留学生数の内訳は、一九九六年度には初等学生三四一人（九・五％）、中学生一七四三人（四八・八％）、高校生一四八九人（四一・七％）であり、早期留学生の大部分を中学生と高校生が占めていた。児童・生徒一万人当たりの早期留学生数でみても、初等学生〇・九人に対し、中学生七・三人、高校生六・六人と、大きな差がみられる。

新聞紙上では、早期留学ブームの中心地であるソウル市江南地域の高等学校で流行している「一学年上がるたびに、一クラスずつ減る」という笑い話や、「中三の息子の友人の半分程度が早期留学に行ったか、準備中」という江南地域のあるマンションの住人の「信じられない話」が報じられた。そして、早期留学はまだ一部の高所得層でおこなわれているに過ぎないが、最近では途方もない私教育費と入試地獄を憂慮する一般の人たちの間にも「いっそ留学させる方が良さそうだ」という認識が広がり、早期留学が他人事でない時代が近づいているという見解が示された（中央日報一九九五年五月二五日）。江南地域では初等学生についても、長期休暇中の海外研修だけでなく、アメリカ、イギリス、カナダの初等学校に一年ほど留学して戻ってくる現象が広がっていると報じられた（文化日報一九九七年一月一五日）。

また、一九九五年頃から、早期留学に起因する家族別居問題について、マスコミが言及するようになった。子どもたちが外国に留学して両親は韓国に残ったり、子どもの留学に母親が同行して父親だけが韓国に残ったりすることによる「離散家族」や「独りぼっちの父親」が増えている状況が、問題として指摘され始めた（中央日報一九九五年五月二五日、『ニュースプラス』一九九六年六月六日号：四四―四五）。

一九九三年に出版されたホン・ジョンウクによる留学体験記『七幕七場』（サムソン）は、四年間で約一〇五万部を売り上げ、ミリオンセラーになった（ウィズダムハウスのブックニュースより）。中学三年生でアメリカに留学した著者が、ハーバード大学を優秀な成績で卒業するまでの奮闘の過程が描かれており、「早期留学ブームを起こした本」といわれている。早期留学がまだ限られた人々のものだった時期に、早期留学の体験を広く知らせ、人々の関心を高めた。この本に感動して、自身が海外留学したり、子どもを早期留学させたりした人も多い。早期留学に対しては否定的な見解が優勢であったが、ホン・ジョンウクのこの著作やパク・ヘナ著『ソウルからハーバードまで』[3]（一九九六年、啓蒙社）などの早期留学成功体験記が何十万部も売れる現象がみられることを指摘し、「早期留学を眺める国内の視角はずいぶん両極端になっている」との見方も示された（朝鮮日報一九九七年八月一三日）。

早期留学生の増加にともない、アメリカの大学入学に必要なＴＯＥＦＬとＳＡＴ（大学進学適性試験）の成績を上げるため、早期留学した高校生が夏休みに一時帰国して韓国の外国語学院に通う現象――早期留学生による韓国内の私教育の利用――がみられるようになった。学院関係者によると、一九九七年の夏休みにはこのような生徒が三千人ほどいるという。そこで、早期留学生のための特別クラスや特別講座を開設する外国語学院も現れた（東亜日報一九九七年七月二〇日）。

一九九〇年代後半の韓国では、アメリカの大学でＭＢＡ（経営学修士号）を取得して帰国すれば、すぐに課長（企業の中間幹部で、三〇代後半くらいの年齢で就任するのが一般的だった）になれたりしたという。就職のさいに留学経験者が良い待遇を得られたことが、早期留学熱を高めたのだろうといわれている。また、大学入学定員が増えたものの、一流大学の定員は限られていることから「国内で良い大学に行けないなら、外国に行かせよう」という発想が出てきたともいわれている。

早期留学生の実態についての学術的調査

「マスコミが報道するように、早期留学は果たして否定的な面ばかりなのか。国際化・世界化の時代に早期留学がもたらす肯定的な面はないのか」。この問いに経験的資料をもとに答えようと、社会学者のアン・ビョンチョルは、一九九六年二月から六月にかけて、アメリカの北カリフォルニア地域に留学中の韓国人早期留学生[4]を対象に実態調査をおこなった（アン・ビョンチョル一九九六）。

インタビュー調査やアンケート調査を通して収集された八三人の早期留学生についての調査データをみてみよう。性別は、男性六二・七％、女性三七・三％と、男性がやや多くなっている。調査当時に在学していた学校は、中学校三・六％、高校五四・二％、二年制大学一九・五％、四年制大学二二・九％で、高校生と大学生が大半を占めており、アメリカで勉強した期間は二年未満四一・三％、二年以上四年未満二六・二％、四年以上三二・五％である。初等学生段階からの早期留学は稀だったようである。住居は、下宿（自炊）三一・五％、寄宿舎二八・九％、下宿（賄い付き）一二・〇％、親戚の家一〇・八％、母親と一緒九・六％となっている（アン・ビョンチョル一九九六：四三〇）。

調査対象者の父親には事業経営者や管理職（大企業の部長・支店長など）、専門職（医者・弁護士・大学教授など）の者が多く、九割が大学以上（大学六五・八％、大学院以上二三・七％）の学歴である。母親は七割が専業主婦で、職業に就いている場合は事業経営者か専門職であり、八割が大学以上（大学七三・〇％、大学院以上六・八％）の学歴である。生活水準に対する評価は、「上」一四・八％、

表2-2　留学の動機（上位5つ、複数回答）　単位：%

動機	割合
より良い教育を受けるため	51.2
新しい経験をしてみるため	42.7
英語を学ぶため	34.1
韓国の学校教育が嫌で	19.5
韓国の入試制度が嫌で	15.9

出所：アン・ビョンチョル（1996：432）の表2を一部改変。

「中の上」五四・三%、「中の中」三〇・九%となっている（アン・ビョンチョル　一九九六：四三〇―四三一）。早期留学生の家庭は、親が高学歴で威信の高い職業に就いており、比較的裕福な家庭が多かったとみることができるだろう。

マスコミで批判されたように、早期留学は勉強ができない子どもたちの逃避行動か、あるいは一部の富裕層の無分別な見栄なのだろうか。留学の動機の調査結果は、表2-2の通りである。

早期留学の動機は「より良い教育を受けるため」「新しい経験をしてみるため」「英語を学ぶため」というアメリカ社会からのプル（引き寄せ）要因が、「韓国の学校教育が嫌で」「韓国の入試制度が嫌で」という韓国社会からのプッシュ（押し出し）要因よりも大きくなっている。しかし、インタビュー調査で語られた「よくいえば、より良い教育を受けるために来て、悪くいえば、耐えられなくて来た」という早期留学生の言葉を引いて、実際にはプッシュ（押し出し）要因が強く作用しているようであったとの考察が加えられている

（アン・ビョンチョル 一九九六：四三三）。

早期留学の決定においては、留学生本人と親が相談して決めたケースが過半数（五一・三％）を占め、本人が決めたケースも二一・五％あるが、本人抜きで親が決めたケースが二一・三％もあることが判明した（アン・ビョンチョル 一九九六：四三四）。

留学する地域の選定にあたっては、ほとんど例外なく、兄弟姉妹や親戚、あるいは親の友人や知人がいるところが選ばれており、早期留学のための人口移動はチェーン・マイグレーション（縁故移動）の性格が強いことが指摘された。また、留学手続きの過程には、出国前に私立学校の入学許可を得る場合、観光ビザで入国し入学する場合、語学研修で来て一定期間英語を勉強し入学する場合があることがわかった（アン・ビョンチョル 一九九六：四三六）。

留学前の学校の成績は、九〇点以上が二六・〇％、八〇点台が四二・九％、七〇点台が二〇・八％、六〇点台が五・二％、六〇点未満が五・二％という結果になり、マスコミで報道されているよりは高かったとされている（アン・ビョンチョル 一九九六：四三八─四三九）。

早期留学生は現地での適応に苦労し、精神疾患になったり問題行動に走ったりするケースも多いのだろうか。回答者らは、現在最も困難なこととして、学業（五七・三％）、異性問題（一九・五％）、ホームシック（一五・九％）、経済的な問題（一四・六％）をあげた（複数回答）。そして、三六・一％

が「ストレスが多い」、三九・八％が「ストレスが若干ある」と回答した（アン・ビョンチョル一九九六：四五〇―四五一）。また、回答者の約半数（五三・一％）が周囲の韓国人留学生のなかで学校生活に適応できず悪いほうに走る場合があると回答しており、具体的には、学校をさぼり金を使って毎日遊ぶ、酒・タバコ・異性などの遊興にふける、麻薬やマリファナを使用する、などの例があげられている（アン・ビョンチョル一九九六：四五五―四五六）。

回答者らは、おおむねアメリカの生活に満足していた。六六・二％がアメリカの生活に満足していると回答し、不満を表明したのはわずか六・〇％に留まった（どちらでもない二七・七％）。また、六〇・二％がアメリカの学校生活に満足だと回答したのに対し、不満だという回答はわずか六・〇％であった（どちらでもない三三・七％、アン・ビョンチョル一九九六：四六一）。八六・七％はアメリカで引き続き学校に通いたいと回答した。アメリカの学校の良い点として「自由で自律的だ」（三九・七％）、「生徒数が少なく個人の個性と特性を育ててくれる」（一五・三％）、「授業方式が発表と対話中心で面白い」（一一・〇％）、「勉強が楽で、やりたい課外活動ができる」（九・六％）などがあげられている。反対に、韓国の学校の悪い点として「暴力または先生が叩く」（二六・〇％）、「授業時間が長く、あまりに勉強ばかりさせる」（一七・八％）、「入試中心に教え、暗勉強のプレッシャーが大きい」（一七・八％）、「自由がなく自分の時間が持てない」（一二・三％）、「暗記中心の詰め込み教育で、個人の創意力を制限する」（一一・〇％）などがあげられている（アン・ビョンチョル 一九九六：四五七―四六〇）。

調査結果の検討をふまえて、筆者は早期留学には国際的視野を備えた人材育成という点で肯定的な面もあると主張している。また、大学進学が難しい学生、希望する大学や学科に進学できない学生にとっては、早期留学がひとつの教育機会になっているし、韓国で勉強に熱心でなかった生徒がアメリカに来て熱心に勉強するようになる場合もあることを指摘している。いっぽうで、留学生の修学能力不足の問題、そうした学生への投資効果の問題、保護者の保護から離れる問題、家族別居問題があることも指摘している（アン・ビョンチョル 一九九六：四六四―四六六）。

最後に筆者はより根本的な問題として、早期留学が「韓国社会で大学教育が持つ意味」と密接に関係していることをあげた。「大学を出なければ、人間扱いを受けるのが難しい。大学を出なければ、良い職場も探せない。大学を出なければ、配偶者選択に後れを取る」という早期留学生の言葉を示して、「韓国社会は大学を出て初めて人間扱いを受けられる社会」であるところに問題があり、今後は大学を出なくても人間らしく生きられる社会を作っていくよう共に努力しなければならないとしている。また、韓国の学校教育は、個人の個性と創意性を度外視する教育、入試中心の暗記式教育、暴力と教師による体罰など、多くの問題点を抱えているとしている。そして、韓国の学校教育が抱えている諸問題の改善なしには、また韓国社会で大学教育が持つ意味の根本的な変化なしには、早期留学はこれからも続いていくだろうとの見通しを示して、論文を終えている（アン・ビョンチョル 一九九六：四六六）。

アメリカ移民法改定と政府による早期留学規制

アメリカでは、アメリカの名門大学に入学するため早くから学費が無料の公立小中学校に留学する台湾・香港・韓国の子どもたちをおもな適用対象とした、改正移民法の「違法留学生禁止」条項が、一九九六年一一月三〇日に発効した。これによって、外国人留学生は一年以上、公立学校に通うことができず、一年後には私立学校へ転校するか、帰国しなければならなくなった。公立学校に通う一年間についても私立学校に準じた学費[5]を支払うよう定められ、この規定を破って摘発された場合、五年間、アメリカに入国できないことになった。この法律改定の背景には、アメリカ人の税金で運営される公立学校に外国人の子どもたちが学費の負担なしに通うことに反発する現地の世論が存在したという（世界日報一九九六年一二月二七日など）。これまで、韓国の早期留学生がアメリカに行って私立学校に入学した後、お金のかからない公立学校に移る方法が数多くとられていたが、法律改定によりできなくなった。さらに、いったん観光ビザや訪問ビザで入国した後、引き続き留まって勉強することは、考えることさえできなくなった（朝鮮日報一九九七年六月五日）。

一九九七年になると、国際収支赤字がおびただしく増えるなか、これまで違法な早期留学を黙認してきた政府が、突然、規制に乗り出した。教育部は一九九七年一月三一日、違法な早期留学を抑制するため、初中高校の自主退学者名簿をもとに違法な留学生を把握して財政経済院と外務部に通報し、送金の遮断と旅券有効期間の延長禁止を要請することにした。同時に、外国語学研修に対する要求を吸収するため、ネイティブ教師と外国人留学生を活用した校内語学研修プログラム運営を活性化し、教育放送（ＥＢＳ）の外国語教育機能を拡大することにした（文化日報一九九七年二月一日など）。そして、二月一〇日から、違法な早期留学生に対する滞在費・定着費の送金と兵役義務延期書・国外旅行期間延長許可書の発給が中断された。これによって留学認定書のない二〇歳未満の早期留学生に対しては、銀行を通した滞在費（月三千ドル）および定着費用（一回二万ドル）の送金ができなくなり、[6]韓国内で高校を卒業していない男子留学生が兵役のため軍に入隊しなければならない一八歳になった場合、兵務庁で兵役義務延期書などを発給してもらえず、旅券の更新ができなくなった（中央日報一九九七年二月一三日）。政府による突然の規制措置に対し、新聞紙上にはこれまで政府が推進してきた世界化・国際化の方針に反すると批判する意見が掲載された（朝鮮日報一九九七年二月五日、中央日報一九九七年二月七日など）。

アメリカの移民法改定と韓国政府による早期留学規制措置により、早期留学の勢いは一時衰えたかにみえた。しかし、早期留学ブームは収まらず、カナダなどの英語圏の学校による留学説明会の開催が続き、留学斡旋業者は保護者らに「多様な送金方法」を教えて留学をあおっていると報じられた（中央日報一九九七年一〇月二八日、京郷新聞一九九七年一一月一五日）。

アジア通貨危機の影響

韓国を経済危機が襲ったのは一九九七年末、アメリカの移民法改定と韓国政府による規制措置にもかかわらず、早期留学ブームが続いている最中のことであった。タイから始まったアジア通貨危機は韓国にも波及し、国家がデフォルト（債務不履行）寸前の状況にまで追い込まれた韓国は、ＩＭＦ（国際通貨基金）に支援を要請せざるをえなかった。

経済危機の到来による為替の急騰と経済的困難のため留学費用の負担が重くなり、早期留学生が続々と帰国した（京郷新聞一九九八年一月六日、世界日報一九九八年二月一八日など）。これにともない、帰国した生徒たちの韓国の学校への適応問題に対する対策が急がれたが、あまり進んでいないという（中央日報一九九八年一月二二日）。国税庁は、一部の富裕層を中心に早期留学ブームが起こるなか外貨の不当流出の可能性が高まっているとして、一九九九年から初中高校生の子どもを海外に早期留学させる親たちの所得の申告漏れを調査し課税することにした（東亜日報一九九八年一一月一四日など）。

韓国教育開発院の統計によると、早期留学ブームのなかで一九九五年二二五九人、一九九六年三五七三人と数を増やしていた早期留学生は、経済危機の影響により、一九九七年には三二七四人、そして一九九八年には一五六二人に、大きく減少した。

第2章では、早期留学生が急増し始める前の初期の動向についてみた。国家による国際化・世界化政策が進められ、経済が急速に成長するなかで、英語熱・留学熱が高まり、早期留学生が増加した。この時期、高校生を含め、早期留学は原則違法であり、マスコミで「逃避性留学」と呼ばれる韓国での大学入学困難を理由とする江南地域の富裕層の子どもたち（中高校生）のアメリカ留学が、早期留学ブームの中心となった。しかし、経済危機が到来すると、早期留学生は大きく減少した。

経済危機後、韓国経済の回復・成長とともに早期留学は激増し、中間層、さらには庶民層にまで拡大していく。次章では、早期留学が激増した時期の動向についてみていこう。

注

1 教育大学・産業大学・放送通信大学などを除く一般の四年制大学。

2 先進国間の自由な意見交換・情報交換を通じて、経済成長、貿易自由化、途上国支援に貢献することを目的とする国際機構。日本は一九六四年に加盟。二〇一六年現在の加盟国は三五ヵ国（経済産業省二〇一六）。加盟が認められることによって先進国の仲間入りを果たすと考えられてきた。

3 著者が中学一年生でアメリカへ留学し、ハーバード大学の学生となるまでの留学体験記。

4 この調査では、韓国で初等学校、中高等学校に在学中または卒業後にアメリカの教育機関に留学した者を早期留学生として調査対象にしている（アン・ビョンチョル 一九九六：四二三）。

5 一学期当たり一万五千〜二万ドル（韓国日報一九九七年五月一九日）。かなりの高額である。

6 ただし、すでに国外に出ている未成年者に対しては、外国為替銀行に毎学期、在学証明書を提出させ、留学の事実を確認するなど、管理を強化したうえで、月三千ドルまで送金を続けられるようにした（東亜日報一九九七年二月二〇日）。

参考文献

（日本語文献）
石川裕之 二〇一四「韓国における国家カリキュラムの革新とグローバル化」『教育学研究』八一（二）、二一四—二二五頁。
馬越徹 一九九九「韓国——二一世紀に向けた『世界化』戦略」佐藤三郎編『世界の教育改革——二一世紀への懸ケ橋』東信堂、一九一—二一二頁。

丹羽孝　一九九九「資料紹介　韓国教育改革委員会報告『新教育体制樹立のための教育改革方案』」『名古屋市立大学人文社会学部研究紀要』六、七七―一一〇頁。
（韓国語文献）
アン・ビョンチョル　一九九六「早期留学の現況と課題――北カリフォルニアの早期留学生を中心に」『民族と文化』四、漢陽大学校民族学研究所、四二三―四六八頁。
イ・ミンス　二〇一一「教育熱と早期留学」イ・ゴンマン編『教育社会学』ヤンソウォン、三五五―三七六頁。
（ウェブサイト）
経済産業省　二〇一六「ＯＥＣＤとは？」http://www.meti.go.jp/policy/trade_policy/oecd/html/（最終閲覧二〇一七年三月四日）。
ウィズダムハウス　ブックニュース『七幕七場――そしてその後』http://www.wisdomhouse.co.kr/book/booknewsView.php?cat=001&uid=237010&mNum=3（最終閲覧二〇一七年三月四日）。

第3章　早期留学の激増

この章では、早期留学生の激増が始まる少し前の一九九八年頃から、早期留学ブームがピークに達する二〇〇六年までの動向についてみていく。早期留学は中間層や初等学生にも広がり、公教育のあり方、家族別居、階層間格差の固定化、外貨の流出などとの関連で社会問題となった。

1　中間層への拡大

「国境なき無限競争」時代の到来

アジア通貨危機により韓国の経済は一九九八年の経済成長率（実質GDP成長率）がマイナス五・七％を記録する大打撃を受けた。経済危機の最中に発足した金大中《キム・デジュン》政権は、緊急融資を受けたIMF（国際通貨基金）によって課せられた経済・財務政策（コンディショナリティ）と平行して、国内経済の四大改革――金融部門・企業（財閥）部門・労働市場・公共部門における改革――を推し進めるとともに、積極的な対外開放戦略をとり、市場参入障壁の撤廃や外資参入規制の緩和といった規制緩和策も積極的に実施した（経済産業省二〇一四：一七八―一八四）。

韓国の経済は、翌一九九九年の成長率一〇・七％、二〇〇〇年八・八％と、短期間のうちに劇的な回復をみせた。これには輸出の増加が寄与しており、貿易収支は黒字化し、失業率も低下した。二〇〇一年八月にはＩＭＦからの借入金を全額返済し、ＩＭＦ管理体制から脱却した。

ＩＭＦ管理体制のもとで新自由主義的改革が進むなか、韓国社会は社会の各部門において「地球レベルの競争力が要求される社会」へと急変し（朴 二〇一四：二一八―二一九）、「国境なき無限競争」がおこなわれる「グローバル開放経済」時代（ベク・ジンア 二〇〇一：三二）が到来したといわれるようになった。経済危機を経験したことにより、韓国の人々は、時代の変化を、すなわち自分たちがグローバル経済時代のただ中を生きていかなければならないことを、強く意識するようになった。そして、この時代を生き抜いていくため、国際競争力のある人材育成の必要がより大きく叫ばれるようになった。教育政策においては、一九九五年の五・三一教育改革方案が打ち出したグローバル化に対応するための新自由主義的な教育改革の方向性が、経済危機以降、さらに強化されていった（石川 二〇一四：二一五）。

早期留学全面自由化方針の発表と早期留学熱の高まり

一九九七年以降、違法な早期留学に対する規制は、送金の規制と兵役義務の生じる満一八歳になる男子に対する旅券有効期間の延長禁止という二つの方法で実施されていた。しかし、ソウル行政法院が一七歳以下の早期留学者に対する国外旅行許可制限は国民の平等権に違背するとの判断を下したことを受けて、一九九九年九月、これを規定した訓令が削除され、旅券有効期間の延長禁止による早期留学制限措置は解除された（ハンギョレ一九九九年九月一七日など）。

続いて一九九九年一〇月には、教育部が二〇〇〇年からの早期留学の全面自由化を検討しているというニュースが報じられた。すべての児童・生徒の留学を自由化する案と、中学校卒業後について自由化する案とが検討されているという（中央日報一九九九年一〇月八日）。送金制限措置は継続されているものの、一七歳以下の早期留学者に対する国外旅行許可制限規定がなくなったことにより、海外留学は事実上自由化された状態になったとみなされるようになっていた（韓国日報一九九九年一一月八日）。そのため、経済状況の回復ともあいまって、早期留学の全面自由化は当然のこととみなされていた。

早期留学全面自由化の方針が報じられると、初中高校生の子どもを持つ親たちの間に早期留学に対する関心が急激に高まった。新聞紙上には「合法化早期留学　事前情報」（東亜日報一九九九年一一月二日）、「早期留学に成功するには」（韓国日報一九九九年一一月八日）と題する早期留学成功のための情報を提供する記事が掲載された。二〇〇〇年一月には、教育部が早期・私費留学規制条項を全面撤廃することを骨子とした「国外留学に関する規定」と施行規則の改正案を立法予告し、法制処の審査と国務会議の審議を経て、早ければ二〇〇〇年三月から早期留学自由化措置を施行することにしたと報じられた（中央日報二〇〇〇年一月二一日）。

　しかし、二〇〇〇年二月になると、国内の経済展望が明るくない状況で早期留学を全面自由化するのは時期尚早だという意見が強くなった（ソウル新聞二〇〇〇年七月二四日）。教育部は全面再検討に入り、二〇〇〇年七月、中学校卒業者以上の早期留学を法的に認定するという「段階的自由化」に内部方針を定めた（ソウル新聞二〇〇〇年七月一一日、二四日）。初等学生と中学生は親が同行しなければうまくいかない可能性があり、義務教育である中学校課程までは国内で履修すべきだという世論が優勢であることが、その理由であった（東亜日報二〇〇〇年八月四日など）。

　結局、早期留学は全面自由化されず、二〇〇〇年一一月、「国外留学に関する規定」は、私費留学の資格基準を高等学校卒業以上から中学校卒業以上に緩和するよう改定されるに留まった。初中学生の早期留学は特別な場合を除いては認められないままだったが、二〇〇〇年一月に早期留学全面自由化に向けて規定改正案が立法予告された後、ほとんどの初中高校生と保護者は、すでに早期留学が自由化されたと理解していた（朝鮮日報二〇〇〇年八月四日）。その後、全面自由化が撤回されたことを知らず、早期留学に対する法的規制はもはや存在しないと思っている人が多いのが現実である（二五頁参照）。

違法な早期留学生に対する滞在費・定着費の送金規制は私費留学資格基準の緩和後も継続されたが、二〇〇一年七月に一〇万ドル以下の送金が申告制に代わり、二〇〇二年七月には申告規定もなくなって、規制がなされない状態になった（朝鮮日報二〇〇二年九月一三日）。

中間層への拡大と早期留学生像の変化

韓国教育開発院の統計によると、経済危機前の一九九六年度には年間三五七三人だった早期留学生数は、経済危機後の一九九八年度には一五六二人、一九九九年度には一八三九人と大きく落ち込んだ。しかし、その後は、二〇〇〇年度四三九七人、二〇〇一年度七九四四人と、経済危機前を上回る勢いで増加し、二〇〇二年度には一万一三二人と、一万人を突破した。二〇〇二年度の児童・生徒一万人当たりの早期留学生数は一三・〇人となり、一九九六年度の四・二人に対し大幅に増加した。

全面自由化が話題となってからの早期留学は、経済危機以前の「一部の富裕層の子どもの逃避性留学」とは質的に異なる現象であると認識された。

まず、国の公教育に対する不信が高まり、それに代わるものとして早期留学を選択する中間層が増加しているのだと説明された。中央日報の社説では、「新しい早期留学の風」は「韓国の教育に対する不信であり、反乱である」と記された。これまで制度的規制のために韓国内の教育に依存するしかなかった児童・生徒と保護者が「選択権を持つようになるや、良い教育を選んで抜け出している」のであり、「早期留学が悪いのではない。韓国の教育体系が誤っているので、無理をしてでも早期留学を選ぶのだ」とみなされたのである（中央日報二〇〇三年三月七日）。かつてのような韓国の大学入試から逃れようとする成績不振の富裕層の子どもたちだけではなく、中間層で、幅広い関心を持った優秀な生徒たちも積極的に早期留学を考えるようになっており、「この土地で耐え難くて」「英語でもできるようにしたくて」という消極的な理由から、積極的に「良い教育環境を求めて行く」という流れに変わっているという見解が示された（文化日報一九九九年一一月三〇日）。韓国の教育に対しては、入試中心の教育、画一的なカリキュラム、膨大な私教育費、揺れ動く教育政策、英語万能主義の風潮、遅れた教育環境、低い教育の質、そして高校平準化による高等学校の教育機能の低下[2]など、多岐にわたり辛辣な批判が浴びせられた（文化日報二〇〇〇年三月二七日、朝鮮日報二〇〇〇年四月一四日など）。

　親よりも子どものほうが留学に積極的であるという点も新しい傾向であり、早期留学から一時帰国中の友人に話を聞いたり、インターネットなどから情報を得たりして、子どもが自ら留学を選択し親を説得する事例も増えているという（文化日報一九九九年一一月三〇日、ハンギョレ二〇〇〇年三月一日など）。留学生像は多様化し、外国の言語・文化・価値観などを習得する目的で留学する場合もあれば、勉強に集中できない環境から離れるため、暗記中心でない、創意的で深みのある探求型の教育を受けるため、子どもの適性と能力を啓発することのできる、より良い機会を得るため、そしてもちろん、韓国では良い大学に行けそうにないためなど、多様な理由で留学する者がいるとみなされるようになった（東亜日報二〇〇〇年八月七日）。

　早期留学が中間層にまで広がった要因のひとつとして、大学入試において外国語特技者を対象に特別選考をおこなう大学が増えたことも指摘された。二〇〇〇年度の大学入試では、特技者選考が一〇七大学で六六三〇人と、前年に比べ一五〇〇人ほど増え、とくに語学能力優秀者を優遇する趨勢にあった。ＴＯＥＩＣやＴＯＥＦＬ、ＴＥＰＳ[3]などの英語能力試験の成績や英語の論述と面接など、語学特技者を対象に特別選考をおこなう大学だけでも五九校あった。このような外国語優秀者を優遇する韓国内の大学の特別選考を狙って、早期留学を計画しているというのである（朝鮮日報一九九九年一二月一〇日）。

　韓国社会の早期留学に対する認識は、「持てる者の特権」という否定的な見方から、多くの人が考えてみることのある選択肢へと変わっていった。二〇〇〇年三月の時点では、まだ早期留学を否定的に見る雰囲気が強く、「熾烈な入試競争を避けるための逃避性留学や学歴・学閥中心社会に適応するための留学が大半である」とされ（京郷新聞二〇〇〇年三月一〇日）、早期留学は「持てる者の特権」のようにみなされていた（韓国日報二〇〇〇年三月七日）。しかし、同年七月には、「一時は早期留学を『持てる者の特権意識または自己誇示』で片付けて横目でにらんだ時期があったが、いまや教育選択の基本権とみなされるほど、韓国社会の認識が大きく変わった」と記されるようになった（ソウル新聞二〇〇〇年七月二五日）。二〇〇一年三月になると、「逃避性」とか「一部の上流層」という修飾語はもはや似合わず、「年俸三千〜四千万ウォン[4]のサラリーマンも私教育費と留学費用を秤にかけて」早期留学を考えるようになったといわれた（韓国日報二〇〇一年三月二日）。そして二〇〇三年二月には「三〇〜四〇代の韓国人で、教育移民や早期留学を一度も考えたことがない人がいるだろうか」と問いかけられるまでになった（東亜日報二〇〇三年二月一八日）。

早期留学ブームの高まり

政府が早期留学自由化方針を明らかにしてから、人々の早期留学への関心は大きく高まり、留学代理店などへの問い合わせが増えた。駐韓外国大使館と留学院は、早期留学説明会を相次いで開催し、インターネット上に早期留学相談専門サイトを設けた（中央日報一九九九年一二月三〇日）。また、外国の初中高校などが参加して留学生を勧誘する「留学博覧会」も相次いで開催されるようになった。一九九九年一〇月に開催されたカナダの小中高校など二八校が参加したカナダ留学博覧会には、前年より三千人以上多い九千人余りの児童・生徒・保護者が参加して盛況を呈した（中央日報一九九九年一一月三〇日）。二〇〇〇年三月にソウルの国際展示場で開かれた海外留学・語学博覧会には、二日間で三万人が押し寄せた（朝鮮日報二〇〇〇年三月六日）。

政府が早期留学全面自由化を撤回し、初・中学生の留学を規制し続けることにした後も、アメリカやオーストラリア、イギリスの私立中高校が参加する大型留学博覧会の開催が相次いだ（朝鮮日報二〇〇〇年八月二九日、京郷新聞二〇〇〇年一〇月二六日）。銀行に「早期留学相談コーナー」が設置されたり（朝鮮日報二〇〇〇年三月一三日）、旅行会社によってアメリカやカナダ、オーストラリアなどの名門学校を訪問し、早期留学の事前調査をするとともに、現地観光ができるツアーが売り出されたりした（京郷新聞二〇〇〇年五月三一日）。また、安くて簡単に留学情報を得る手段として、インターネットが利用された（ソウル新聞二〇〇〇年七月二四日）。

子どもの早期留学を考える親が増えるにともない、新聞紙上には、性急な留学を戒め、慎重に検討するよう促す記事が掲載されるようになった（国民日報二〇〇〇年八月三〇日、京郷新聞二〇〇〇年一〇月二六日など）。二〇〇〇年春には「初・中・高校自費留学案内」が、二〇〇一年春には「早期留学ガイド」の冊子が、教育人的資源部によって発行された（ソウル新聞二〇〇〇年四月一八日、二〇〇一年三月六日）。二〇〇一年三月には、韓国教育開発院により「韓国教育の現実と早期留学（留学移民）の明暗」と題する教育政策フォーラムが開催された（韓国教育開発院二〇〇一）。また、二〇〇二年一二月には子の海外留学費用に対する教育費控除規定への関心の高まりに対応して、国税庁が「海外教育費控除のための年末調整要領」を発表した（東亜日報二〇〇二年一二月七日）。

早期留学ブームが広がるいっぽう、外国語高校などの特殊目的高校を中心に、韓国の高等学校卒業後、外国の有名大学に直接入学する動きも出てきた。二〇〇〇年一月には、テウォン外国語高校が一九九八年に外国の大学への進学を希望する生徒を対象に設置した海外留学準備クラスの第一期生から、まったく海外経験のない生徒がアメリカのアイビーリーグの大学に合格したと報じられた（文化日報二〇〇〇年一月二四日）。その後、第一期生らの体験談を収めた『私は早期留学せずにアイビーリーグに行く』（イ・ウォンピョ、ハム・ドンユン著、子音と母音、二〇〇〇年）という本が出版された。

早期留学にともなう家族別居問題については一九九五年頃からマスコミで取り上げられるようになっていたが、なかでも、子どもの早期留学に妻を同行させ、自らは韓国に残って働き生計を支える男性たちの存在が注目を集めた。彼らは二〇〇一年頃から「キロギ・アッパ（雁のパパ）」と呼ばれるようになり、早期留学にともなう家族別居問題の象徴的存在となった。将来の早期留学に備えて子どもにアメリカ市民権を与えるため、また、男児の兵役を避けるため、妊婦がアメリカに渡って出産する「遠征出産」もブームとなった（『週刊朝鮮』二〇〇二年三月二八日号：三六―三七）。

留学時期の早期化、留学先の多様化

この時期には、留学は早く行くほど効果があるという考えが広がって、初中学生の留学が増えるとともに、一～二年間留学して英語力をつけて帰国しようとする短期の留学が増えた。また、アメリカやイギリスの半分程度の費用で留学できるカナダ、オーストラリア、ニュージーランドへ行く留学生の数も大きく増えた（中央日報二〇〇〇年三月六日、ハンギョレ二〇〇〇年三月一日）。

韓国教育開発院の統計をみると、早期留学生全体に占める初等学生の割合の増加が目立つ。経済危機以前の一九九六年度には九・五％であったが、二〇〇〇年度一六・〇％、二〇〇一年度二六・五％、二〇〇二年度三四・二％と大きく増加した。ただし、学生一万人当たりの留学生数（二〇〇二年度）では、初等学生八・四人に対し、中学生一七・九人、高校生一八・八人と、中高校生との間には開きがあった。

早期留学生の二〇〇二年度の留学先は、アメリカが三二・五%と大きな割合を占め、次いでカナダ一六・二%、ニュージーランド一六・〇%、中国一一・九%、オーストラリア五・一%であった。アメリカは留学先としてもっとも人気が高く、「韓国人学生がいない学校は、現在のアメリカにほとんどない状態」といわれるほどであった(中央日報二〇〇〇年三月九日)。子どもを学費が無料の公立学校に入れるため、自らがアメリカの大学に入学して子どもを同伴しようとする母親も増えた(中央日報二〇〇〇年九月一八日)。二〇〇一年九月一一日の同時多発テロ事件以降は、アメリカの移民・出入国ビザ政策の厳格化により、学生ビザによる母親の同行が難しくなり、観光ビザでの滞在期間が六ヵ月から一ヵ月に短縮されたため、親が六ヵ月ごとに帰国して再入国しながら留学中の子どもの面倒をみるという、これまでの方法も使えなくなった(文化日報二〇〇二年四月一二日)。そのため、現地で早期留学生の面倒をみてくれる韓国人経営の下宿屋が人気を得た(韓国日報二〇〇二年五月一四日)。

早期留学の中間層への拡大にともない、アメリカの高い学費やビザの問題のため、カナダ、オーストラリア、ニュージーランドへの留学生が増加した。カナダは、留学生も公立中高校への入学が可能で、学費が安く、ビザを容易に取ることができ、親に同伴ビザを発給するなど便利な点が多いため、留学生が増えた。治安も比較的良いが、韓国人留学生が多すぎることが欠点とみなされる場合もあった（中央日報二〇〇〇年三月二三日、東亜日報二〇〇〇年九月二一日）。韓国人留学生は、縁故があるという理由でトロントとバンクーバーに集中していた（中央日報二〇〇〇年三月二三日）。オーストラリアとニュージーランドは、アメリカ、イギリスなどに比べて学費が安く、アジアと隣接していることから留学生が増え続けた。気候が良く、比較的安全で、韓国と時差がほとんどない点が長所とされた（東亜日報二〇〇〇年一〇月五日）。

二〇〇一年からは中国への留学がブームになり始めた。経済成長の可能性が大きいので、中国語に堪能なら将来かなり役に立つだろうという見通しが持たれたことが大きな理由である。学費・生活費が安く、地理的に近いので親が頻繁に訪れることができるという長所があった。在韓中国大使館は、外国人留学生を誘致しようという政府の施策のもと、これまで大学生以上に発給していた学生ビザを二〇〇一年から初中高校生に対しても発給し始めた。ただし、留学院関係者のなかには、中国はまだ外国人が生活するには条件が良くないので、適応できない児童・生徒が多いという見解もあった（中央日報二〇〇一年四月三日）。急増する早期留学生のなかには「外国人特例入学」によって比較的簡単に中国の名門大学に入学できるというメリットにひかれて、明確な目標もないまま、韓国の教育環境と入試競争から脱出するために中国に行く事例が多いという指摘もあった（国民日報二〇〇二年一二月一七日）。

早期留学ブーム全国へ

経済危機以前の早期留学ブームは経済的に豊かな階層の人々が多く住むソウル市の江南地域に局地的にみられた現象であったが、その後、江南地域からソウル市内全域および周辺の新都市へ、さらに地方都市へと波及していった。

経済危機でいったん停滞した早期留学の動きの活発化は、一九九九年冬の時点では、江南地域にみられた現象であり、同じソウル市内でも江北《カンブク》地域ではあまりみられなかったようであった（京郷新聞一九九九年一二月一四日）。しかし、二〇〇〇年三月になると、早期留学はソウル市内全域および周辺の新都市にも広がった。早期留学全面自由化が立法予告されるなか、ソウル市の江南地域と京畿道の盆唐《ブンダン》・一山《イルサン》地域を中心に留学の用意をする児童・生徒が増え（世界日報二〇〇〇年三月一〇日）、ソウルの江北地域（鍾路区《チョンノ》）の留学院にはソウル市内全域から、会社員・自営業など、多様な職業の保護者が留学相談にやって来るようになった（中央日報二〇〇〇年三月六日）。

ただし、地方都市ではまだ早期留学ブームはみられなかったようだ。慶尚南道の早期留学生数を示して「地方でも早期留学ブームが起きている」との記事が掲載されたのは、二〇〇二年四月のことである（朝鮮日報二〇〇二年四月二六日）。

韓国教育開発院による二〇〇一年度の早期留学生統計によると、ソウル市および京畿道という首都圏を構成する行政区域に早期留学生が大きく集中していたことがわかる。ソウルからの早期留学生は四四四六人で早期留学生全体の五六・〇％を占めており、京畿道が二一〇五人（二六・五％）とこれに続いていた。児童・生徒一万人当たりの留学生数でもソウル市と京畿道の突出は明らかであり、ソウル市五六・〇人、京畿道二六・五人に対し、仁川《インチョン》市五・三人、大邱市・大田《テジョン》市四・一人、釜山市三・五人と大きな差がみられた。その後、地方でも早期留学は増えていったが、ソウル市と京畿道に大きく集中する傾向は続いた。

2　激増する早期留学

早期留学ブームの過熱

韓国では、盧武鉉《ノ・ムヒョン》政権期に入っても二～五％台の経済成長が続き、一人当たり国民総所得は二〇〇三年の一万四一六一ドルから二〇〇六年には二万〇八二三ドルへと跳ね上がった。一九九七年の経済危機のさいに急落した不動産価格は、その後、暴騰し、不動産や株式に投資をする余力のある中間層では、育児と教育競争に直接飛び込みつつ、不動産や株式投資によって金を稼ぐ専業主婦が現れた（朴 二〇一四：二二五―二二九）。早期留学はさらに多くの子どもたちにとって、人生設計上の選択肢となり、「子を持つ親なら誰でも一度は考えてみる早期留学は、いまや正しいか正しくないかを問う倫理の問題ではなく、現実であり選択の問題になっているようだ」といわれるまでになった（国民日報二〇〇四年五月一〇日）。

早期留学生数は二〇〇三年度の一万〇四九八人から二〇〇六年度の二万九五一一人へと、これまでとは桁違いの増加を示した。児童・生徒一万人当たりの留学生数も、二〇〇三年度の一三・五人から二〇〇六年度の三八・〇人へと大きく増加した。早期留学生の低年齢化もさらに進み、初等学生は早期留学生全体の約四割を占めるようになった。児童・生徒一万人当たりの留学生数でも、二〇〇三年度には初等学生九・七人に対し中学生一九・八人、高校生一五・七人と中高校生との間に大きな開きがあったが、二〇〇六年度には初等学生三五・二人に対し中学生四四・六人、高校生三六・三人と中高校生に迫る数値になった。

初等学生の早期留学の主流は六ヵ月から二年までの短期留学であった。比較的勉強が易しい初等学校のうちに英語を身に付けてしまい、中高校では英語の勉強に費やす時間を他の科目に回そうという意図があるようだ。これは、韓国内での入試競争を有利にするための戦略とみなすこと

表3-1 市道別にみた児童・生徒1万人当たりの早期留学生数（2006年度）

単位：人

	初等学生		中学生		高校生	
1	ソウル	71.7	ソウル	92.2	ソウル	69.9
2	京畿道	53.4	京畿道	60.3	京畿道	47.2
3	大田	33.5	大田	40.7	大田	39.9
4	仁川	25.1	仁川	29.9	仁川	28.2
5	江原道	22.0	釜山	28.9	釜山	25.9

出所：教育人的資源部・韓国教育開発院『教育統計分析資料集 2007』より作成。

ができるであろう。また、英語をマスターした後、帰国して、民族史観高等学校やテウォン外国語高校[6]の海外留学クラスに入学し、そこからアメリカのアイビーリーグの大学を狙う場合もある（韓国日報二〇〇三年六月一七日）。初等学生の留学は四～五年生あるいは五～六年生のときが適切だという意見がほとんどであったが、留学熱の高いソウルの江南地域では、初等学校の高学年になると勉強の内容が難しくなるので、大学まで続けて留学させるつもりでなければ二～三年生のときに行って来ようという趨勢であった（韓国日報二〇〇三年六月一七日）。帰国後には、高価な費用とさまざまな犠牲を払って身につけた英語力をどのように維持するかが関心事となった。

早期留学は、やはりソウル市を中心とした首都圏で多くみられる現象であったが、地方にも拡大していった。表3－1は、二〇〇六年度について、児童・生徒一万人当たりの早期留学生数が多かった市または道の上位五位までを示したものである。ソウル特別市、京畿道に、大徳《テドク》研究団地を擁する韓国中央部の都市、大田広域市が続いている。

早期留学ブームが過熱するなか、早期留学の体験記やノウハウ本が次々と出版された。ジン・ヨンギ『早期留学一二〇％成功できる』（スプソクウィクム、二〇〇三年）、キム・ヒギョン『どっちつかずの早期留学』（セロウンサラムドゥル、二〇〇四年）、ミン・ミラン『私はこうしてアメリカの名門高等学校に息子を入学させた』（時事英語社、二〇〇四年）、ハン・ジュンサン『早期留学ロードマップ』（チョンア出版社、二〇〇四年）、ホン・ヒョンジュ『早期留学、知ってから行かせよう』（ネクサスブックス、二〇〇四年）などである。新聞紙上にも、留学の専門家や経験者による早期留学を成功させるためのノウハウや成功・失敗事例、その他留学に役立つ情報が豊富に掲載された。成功の条件として繰り返し強調されたのは、留学生本人の自発的な動機と意志、そして徹底した事前準備であった（韓国日報二〇〇三年九月二日、世界日報二〇〇三年一二月一三日）。

韓国人早期留学生は世界の留学市場で「大きな顧客」とみなされるようになり、留学博覧会の開催や、留学院や中高校への訪問を通して、各国の学校が韓国人学生の勧誘を積極的におこなっていた（東亜日報二〇〇五年六月七日）。また、早期留学関連産業が栄え、早期留学後の現地適応を早めるため外国式の教育を提供する早期留学プレスクール（京郷新聞二〇〇三年一一月二二日）、親と初等学生の子どもがアメリカの名門私立大学などを見て回る早期留学事前踏査旅行（中央日報二〇〇四年一〇月二〇日）、学校の長期休暇中に開講される早期留学生用のアメリカの大学進学対策のための塾（ハンギョレ二〇〇四年八月六日など）など、ソウルの江南地域などで経済的に豊かな層に向けて高額な早期留学関連商品やサービスが提供された。

この時期に新たな現象として指摘されたのが、海外で中・高校に通った後、大学進学のために韓国に戻る「逆留学現象」である。海外の名門大学に合格していても、学費が安い、親のそばにいたいなどの理由で韓国の大学を志望する者が増えた（中央日報二〇〇三年七月二四日）。海外に長期間滞在した生徒が韓国の大学に進学する方法には、在外国民特別選考（公務員または商社などの駐在員の親に同行した場合）、国際学部（海外留学生・国内の生徒ともに志願可能）、グローバル選考（延世大・高麗大）、英語優秀者選考と、いくつかの方法があった（中央日報二〇〇五年一一月三〇日）。

「逆留学」する理由に、後に問題化するアメリカの大学を卒業した後の就職問題はあげられていない。当時は、アメリカの大学を卒業後、現地で就職するのは容易ではなかったが（東亜日報二〇〇四年一〇月四日）、韓国では比較的就職の機会が多いと考えられており、見通しは比較的楽観的であったようだ。海外駐在員などの子どもでも、在外国民特別選考を利用して韓国の大学を受験しようとせず、最初からアメリカで大学に行こうとする傾向があった。帰国しても韓国式の授業についていけないというのが最大の理由だが、ほとんどの者がアメリカの大学を卒業した後は留学経験者を優遇する韓国の企業に入ろうとしていた（ソウル新聞二〇〇四年四月二〇日）。

中国・東南アジア留学ブーム

子どもを早期留学させる階層が拡大するなか、留学先にも変化がみられた。図3‐1は、留学先の国・地域別に二〇〇一年度以降の早期留学生数の推移を示したものである。

まず目につくのは、アメリカへの早期留学生の激増である。二〇〇三年度の三三九七人から、毎年増加し続け、二〇〇六年度には八七三七人に達した。カナダへの留学も、二〇〇三年度の一七七五人から二〇〇六年度の四六三八人へと大きく増加した。

次に注目したいのは、中国への留学が急増し、二〇〇四年度と二〇〇五年度にはカナダを上回る留学生数を示したことである。二〇〇一年からマスコミで中国への早期留学ブームが起こっていると報じられるようになったが、二〇〇三年には、北京の韓国人集住地域である五道口の留学院関係者が「毎年学生数が二倍以上に増える感じ」と表現するほどの過熱ぶりであり、「初めは高校生がほとんどだったが、この頃は初等学生まで留学に来る」といわれるようになっていた（東亜日報二〇〇三年三月一八日）。中国早期留学ブームが過熱するなか、新聞紙上には、その現状と

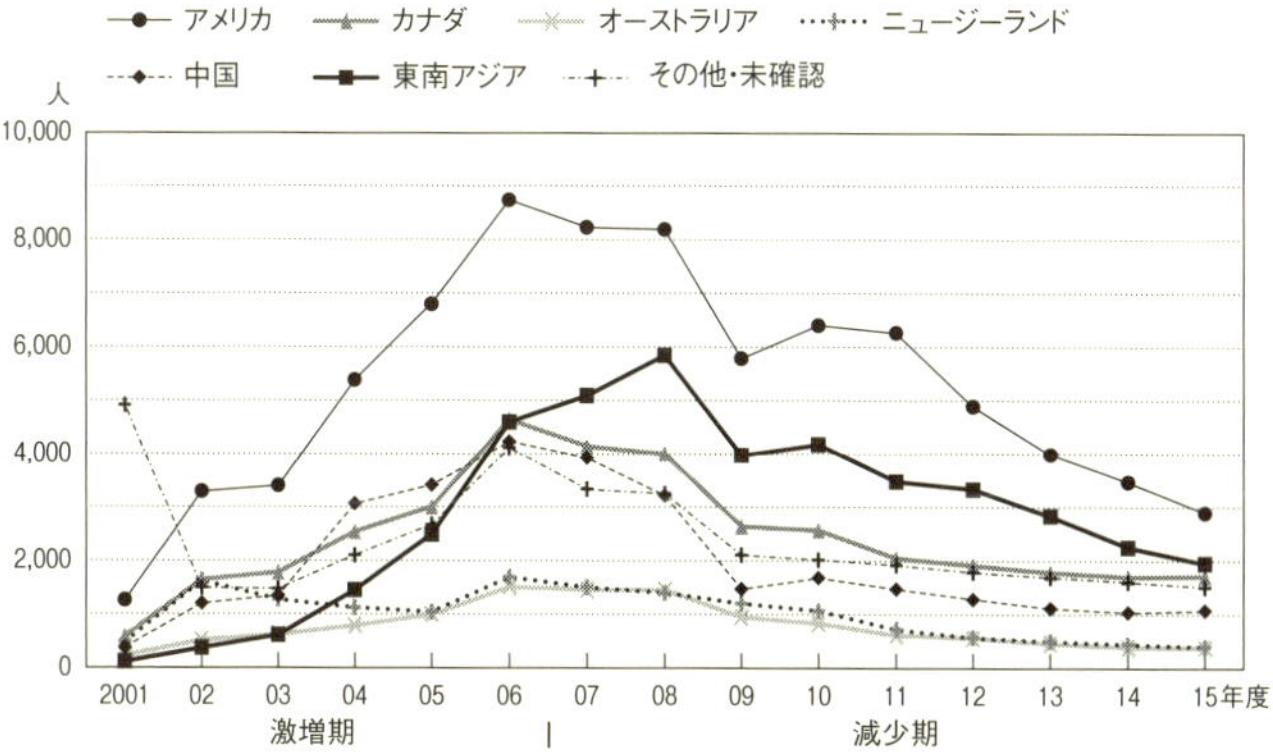

図 3-1　留学先の国・地域別にみた早期留学生数の推移

出所：韓国教育開発院『韓国の教育・人的資源指標』2003、2004、教育科学技術部・韓国教育開発院「図で見る幼初中等教育１　早期留学現況」2011 年、教育部・韓国教育開発院『教育統計分析資料集』各年度、同『簡易教育統計』各年度より作成。

問題点を示し、安易な留学を戒めようとする記事が多数掲載された。

中国早期留学ブームの根底には、中国経済の急成長によって今後、中国専門家の需要が大きく増えるだろうとの期待感があった。しかし、現実には、留学生ばかりが集まる「国際クラス」で学んで中国語が身につかないまま遊興にふける者も多く、また、卒業が難しい中国の大学を卒業できても、現地の韓国企業さえ実力を認めてくれず、中国での就職はきわめて困難であった（京郷新聞二〇〇四年一月八日）。中国人の学生たちも学部卒業後に英語圏への留学が求められるようになっていく状況下で、韓国人の学生が中国の名門大学を出たからといって能力を認められるのは容易ではなかった（朝鮮日報二〇〇五年二月二二日）。そこで、二〇〇七年頃になると、中国の大学を卒業する早期留学生の多くが、さらに英語圏に留学することを考えたり（京郷新聞二〇〇七年一月二三日）、以前は早くから中国語を学んで中国の名門大学に入学しようとする生徒が多かったのに対し、インターナショナルスクールに入学して英語と中国語の両方を学ぼうとする者が増加した（東亜日報二〇〇七年九月二三日）。中国語だけでは、中国の企業だけでなく韓国の企業に就職することさえ難しい現実がみえてきたのである（京郷新聞二〇〇七年一一月三日）。

留学先の変化として、もうひとつ言及しておきたいのは、東南アジアへの留学の急増である。東南アジアへの早期留学生は、二〇〇三年度には六一一人に過ぎなかったが、二〇〇四年度一四五三人、二〇〇五年度二四八八人、二〇〇六年度四五九六人と急激な増加を続け、二〇〇七年度以降はアメリカに次ぐ留学先としての地位を占めている。

二〇〇四年頃から、地理的に近く費用も比較的安い東南アジアが新たな留学先として話題に上り始めた。なかでも、英語が公用語であるフィリピンに多く行く傾向があった（韓国日報二〇〇五年九月五日）。また、英語と中国語の両方を学ぶことができるという期待から、シンガポール、マレーシアなど、英語を使用し、かつ中国系住民の多い東南アジアの国々への早期留学生が急増した（韓国日報二〇〇四年一一月六日）。東南アジアへの留学が増えた理由には、キロギ・アッパに対する社会的憂慮が高まるなか、韓国から地理的に遠くないので、父親が週末に家族を訪ねて行くことが難しくないという長所もあった（韓国日報二〇〇五年九月五日、朝鮮日報二〇〇五年九月一二日）。初めは一〜二年間英語の勉強をして帰国する留学生がほとんどだったが、二〇〇五年頃には高等学校までを東南アジアの学校で終え、大学も外国に行かせようとする家庭が多くなったという（朝鮮日報二〇〇五年九月一二日）。東南アジア地域への留学生は、二〇〇七年頃にはフィリピン五〇％、シンガポール二五％、マレーシア一〇％程度で、シンガポールの公立学校やフィリピンおよびマレーシアのインターナショナルスクールでは比較的安い費用で質の良い英語教育を受けることができるとして、初・中・高校生の留学が増加していた（東亜日報二〇〇七年九月二三日）。このほかに、インターナショナルスクールの多いタイへの留学も増えた（朝鮮日報二〇〇八年一月二六日）。また、東南アジアで英語の基礎を固めた後、英米圏の国に移る「連係留学」への関心が高まり、東南アジアは「留学経由地」として注目された（中央日報二〇〇七年一〇月八日、朝鮮日報二〇〇七年一一月一九日）。

中国・東南アジアのほかに、南アフリカ共和国やインドへの早期留学の増加も報じられるようになり（朝鮮日報二〇〇七年一月二九日、同二〇〇八年二月二八日）、韓国人児童・生徒の早期留学先の拡大は「子どもをグローバル人材に育てるために、アメリカ、カナダ、オーストラリアなど

表 3-2　初等学生・中学生・高校生別にみた
早期留学生の留学先と人数（2006 年度）　単位：人（%）

	初等学生		中学生		高校生	
1	アメリカ	3,138 (22.7)	アメリカ	2,796 (30.2)	アメリカ	2,803 (43.5)
2	カナダ	2,753 (19.9)	中国	1,507 (16.3)	中国	1,023 (15.9)
3	東南アジア	2,717 (19.7)	カナダ	1,273 (13.8)	東南アジア	624 (9.7)
4	中国	1,701 (12.3)	東南アジア	1,255 (13.6)	カナダ	612 (9.5)
5	ニュージーランド	1,087 (7.9)	オーストラリア	402 (4.3)	オーストラリア	314 (4.9)

出所：教育人的資源部・韓国教育開発院『教育統計分析資料集 2007』より作成。

のすでに知られている早期留学国以外に、東南アジア、アフリカ、インド、南太平洋、南米など、全世界に送っている」と表現されるまでになった（朝鮮日報二〇〇七年一月二七日）。

表３-２は、早期留学生数が最高を記録した二〇〇六年度の早期留学生の留学先を、初等学生・中学生・高校生のそれぞれについて示したものである。いずれもアメリカがもっとも多いが、初等学生よりも中学生が、中学生よりも高校生が、アメリカに集中する傾向がある。アメリカの大学への進学を目指すものが多くなるためであろう。中国への留学は中学生と高校生に、カナダと東南アジアへの留学は初等学生と中学生に、比較的多くみられる。

英語村の開設

早期留学ブームが過熱するなか、長期間にわたる家族の別居、外国の学校および帰国後の韓国の学校への不適応、家庭の経済的負担、外貨の流出など、早期留学に関するさまざまな問題が指摘され、その対策が求められるようになった。とくに、子どもの早期留学のために妻子を外国に送った「キロギ・アッパ（雁のパパ）」の辛い生活実態、さらにはその孤独死や自殺がマスコミによって繰り返し報道され、早期留学に対する社会的批判を高めた。

二〇〇四年八月には、ソウル郊外の京畿道安山《アンサン》市に「英語村」という英語体験施設が京畿道によって開設された。英語村の設立は、二〇〇二年六月の統一地方選挙で当選した孫鶴圭《ソン・ハッキュ》京畿道知事の公約のひとつであった。

オープン当日の新聞報道によると、京畿英語村安山キャンプでは、学校単位で利用を申請した京畿道内の中学二年生を対象に五泊六日の英語教育プログラムが実施されており、ネイティブスピーカーの英語教師三八人と韓国人教師二〇人余りが、二四時間、生徒たちとともに過ごすようになっていた。村内では英語しか使用できず、演劇、美術、科学、音楽などの授業がおこなわれるほか、出入国審査場、銀行、郵便局、ホテルの宴会場、レストランなどの施設で、英語を使用する体験ができるようになっていた。生徒たちは五泊六日のプログラムの間、ここで「英語漬け」

になるのである。参加費三三万ウォン（約三万一千円）のうち京畿道が二五万ウォン（約二万四千円）を負担するので、生徒たちの自己負担は八万ウォン（約七六〇〇円）であった（ハンギョレ新聞二〇〇四年八月二三日）。

地方自治体が英語村を設立したことには、早期留学を抑制するとともに、経済的理由で海外留学ができない子どもたちのために、少ない負担で疑似留学の体験ができる機会を提供しようという意図があった。韓国初の英語村の開園にあたり、孫鶴圭知事は、「海外語学研修や留学に行かなくても、生の英語文化体験ができるようになった」「[道内に計画中の二つの英語村を含め]三つの英語村がすべて開園すれば、年間五万名が低廉で質の良い英語教育を受けられるようになるだろう」とコメントした（朝鮮日報二〇〇四年八月二四日）。

英語村は、その後、韓国各地に次々と開設されていった（表3-3）。二〇一一年の時点で、地方自治体に登録されている英語村だけで韓国全土に三一ヵ所あったことが確認されている（キム・ジョンス 二〇一一：一三二）。設立年をみると、二〇〇四年に二ヵ所、二〇〇五年に五ヵ所、二〇〇六年に八ヵ所、二〇〇七年に四ヵ所、二〇〇八年に三ヵ所、二〇〇九年に九ヵ所、二〇一〇年に一ヵ所の英語村が設立されたことがわかる。二〇〇六年四月に開設された京畿道の京畿英語村坡州《パジュ》キャンプは、約二八万㎡（東京ドーム約六個分）の敷地に、教育施設、文化施設、

表 3-3　韓国各地で開設された英語村（2011 年現在）

設立年	英語村名（設立月、所在地域、1 日の収容人員）
2004 年	京畿英語村安山キャンプ（8 月、京畿、220 人）、ソウル英語村風納キャンプ（12 月、ソウル、450 人）
2005 年	唐津外国語教育センター（7 月、忠南、56 人）、慶州市英語村（7 月、慶北、120 人）、★昌寧英語村（8 月、慶南、100 人）、全州英語村（10 月、全北、100 人）、城南英語村（12 月、京畿、250 人）
2006 年	済州市英語村（1 月、済州、200 人）、仁川英語村（2 月、仁川、250 人）、ソウル英語村水踰キャンプ（3 月、ソウル、450 人）、★京畿英語村坡州キャンプ（4 月、京畿、670 人）、仁川西区英語村（9 月、仁川、200 人）、安山ファジョン英語村（9 月、京畿、66 人）、水原英語村（12 月、京畿、120 人）、木浦英語村（12 月、全南、120 人）
2007 年	天安外国語教育院（3 月、忠南、30 人）、慶山英語村（3 月、慶北、120 人）、ソウル英語村蘆原キャンプ（4 月、ソウル、450 人）、大邱英語村（12 月、大邱、200 人）
2008 年	康津外国語タウン（3 月、全南、48 人）、京畿英語村楊平キャンプ（4 月、京畿、400 人）、利川英語村（10 月、京畿、80 人）
2009 年	河南英語体験学習館（3 月、京畿、100 人）、茂朱国際化教育センター（3 月、全北、75 人）、安東英語村（3 月、慶北、44 人）、永川英語タウン（3 月、慶北、60 人）、烏山市国際化センター（6 月、京畿、100 人）、釜山グローバルビレッジ（7 月、釜山、600 人）、巨済市英語村（7 月、慶南、400 人）、軍浦国際教育センター（9 月、京畿、400 人）、ソウル英語村冠岳キャンプ（11 月、ソウル、300 人）
2010 年	沙上区国際化センター（3 月、釜山、576 人）

注：地方自治体に登録された英語村。★印は自治体直営の英語村である。
出所：キム・ジョンス（2011：132）より作成。

商業・体育施設、宿泊施設を備えた韓国の英語村としては最大規模のものである。二〇一一年の時点では、この京畿英語村坡州キャンプと慶尚南道の昌寧《チャンニョン》英語村だけが地方自治体によって直接運営されており、それ以外の英語村は民間の教育機関などに運営が委託されていた。地方自治体の直営でない英語村であっても自治体からの補助を受けて運営されているため、安い費用で利用することができる。

早期留学に対する意識

早期留学が激増した最中のこの時期、韓国の人々は早期留学についてどのように考えていたのだろうか。二〇〇五年四月に韓国教育開発院のキム・ホンウォンらがおこなった早期留学に関する国民意識調査の結果をみてみよう。

幼稚園・初等学校・中学校・高校に通う子どもを持つ親たちに、「子どもの早期留学について真剣に考えたことがありますか」とたずねたところ、「ある」三〇・九％、「ない」六九・一％という回答が得られた。「できれば子どもを早期留学させたいですか」との問いには、「させたい」三四・四％、「させたくない」五〇・二％、「わからない」一五・三％との回答があった。「現在、子どもの早期留学について計画や準備をしていらっしゃいますか」という問いに対する回答は、「はい」五・五％、「いいえ」九四・五％であった（キム・ホンウォンほか 二〇〇五：二七）。子どもの早期留学を真剣に考えた経験がある親と子どもの早期留学を希望する親がそれぞれ三割程度いること、子どもの早期留学の計画や準備をしている親が五％程度いることが明らかになった。

子どもの早期留学を真剣に考えたことのある親の割合は、ソウル市四四・一％、大都市三二・〇％、中小都市二八・七％、農漁村二一・〇％（キム・ホンウォンほか 二〇〇五：二八）と、居住地域により開きがみられるものの、農漁村でも二割を超えており、早期留学が全国的な関心事であることが示された。また、父親の学歴が高いほど、家庭の所得が高いほど、早期留学を真剣に考えた経験のある親の割合が高いことも明らかになった。父親の学歴が大学院博士課程の場合五八・一％、大学院修士課程四一・八％、四年制大学四〇・五％であるのに対し、専門大学二九・五％、高等学校二二・二％、中学校以下一四・一％という結果であった。また、家庭の月所得が一千万ウォン以上の場合五三・五％、七〇〇～一千万ウォン五六・七％、六〇〇～七〇〇万ウォン五四・五％、五〇〇～六〇〇万ウォン五〇・三％と、五〇％を超えるのに対し、四〇〇～五〇〇万ウォン四一・四％、三〇〇～四〇〇万ウォン三六・六％、二〇〇～三〇〇万ウォン二五・八％、二〇〇万ウォン以下一九・五％と、所得の減少にともなって下がっていた[7]（キム・ホンウォンほか 二〇〇五：二九）。

韓国の親たちが子どもを早期留学させることに対しては、反対する人のほうが多くなっていた。幼稚園・初等学校・中学校・高校に通う子どもを持つ親、初等学校および中学校の教師、大学生に対し、「わが国の親たちが子どもを早期留学させることをどう思いますか」とたずねた結果をみると、親の五五・七％、教師の五九・四％、大学生の五一・六％が「反対」と回答した。「賛成」は、親の二一・一％、教師の一六・〇％、大学生の二四・八％に留まった（表3-4）。早期留学に反対するもっとも重要な理由として親・教師・大学生に共通して多くあげられたのは「成功より失敗の可能性が大きい」ことであった。続いて、親からは「家族別居による問題」、教師からは「学校教育に対する不信の増大」、大学生からは「社会的違和感の造成および学歴の世襲」が多くあげられた（表3-5）。いっぽう、早期留学に賛成するもっとも重要な理由としては、親と教師からは「国際化・開放化時代に必要」であること、大学生からは「子どもに良い教育を受けさせることを国家が妨げる必要はない」ことが多くあげられた（表3-6）。反対意見が優勢なのは、早期留学にともなうさまざまな問題が人々の間で認識されているためであるといえるだろう。

表 3-4 早期留学に対する賛否（2005 年） 単位：%

	親	教師	大学生
賛成	21.1	16.0	24.8
反対	55.7	59.4	51.6
よくわからない	23.2	24.6	23.6
計	100.0	100.0	100.0

出所：キム・ホンウォンほか（2005：21）の表Ⅲ -1-2 を一部改変。

表 3-5 早期留学に反対するもっとも重要な理由（2005 年） 単位：%

	親	教師	大学生
家族の別居による問題	22.1	15.2	8.7
学校教育に対する不信の増大	18.9	17.9	16.5
成功より失敗の可能性が大きい	35.2	53.3	48.0
多額の外貨流出	6.6	1.5	2.4
社会的違和感の造成および学歴の世襲	14.5	10.6	18.9
その他	5.7	1.5	5.5
計	100.0	100.0	100.0

出所：キム・ホンウォンほか（2005：22）の表Ⅲ -1-3 を一部改変。

表 3-6 早期留学に賛成するもっとも重要な理由（2005 年） 単位：%

	親	教師	大学生
外国語能力取得に効果的	24.5	22.5	21.7
国際化・開放化時代に必要	36.6	40.4	26.1
子どもに良い教育を受けさせることを国家が妨げる必要はない	14.0	21.3	29.0
国際競争力を備えた人材の育成	19.3	12.4	11.6
その他	5.6	3.4	11.6
計	100.0	100.0	100.0

出所：キム・ホンウォンほか（2005：22）の表Ⅲ -1-4 を一部改変。

管理型留学の人気

早期留学ブームの拡大とともに「キロギ・アッパ」が大きな社会問題になると、母親が同行しない、児童・生徒のみでの早期留学が広がるようになった。二〇〇六年三月、朝鮮日報はこのような動向を「『キロギ・アッパ』の社会問題作った早期留学、これからは……ママはパパのそばに残って子どもだけ『一人で留学』」という見出しで報じた。留学専門業者も、子どもだけでの早期留学に対する親の心配を減らす「現地プログラム」を作ってこれに対応した。例えば、ある業者は、早期留学生のためにアメリカの都市二〜三ヵ所に寮を作って、放課後の教育・宿泊・食事の面倒をみる方式を開発した（朝鮮日報二〇〇六年三月七日）。

このような、留学先で専門業者が早期留学生の放課後の学習や生活にまで責任を持って管理してくれる留学形態は、二〇〇六年頃から「管理型留学」と呼ばれ、人気を集めるようになった。「管理型留学」には、現地の家庭にホームステイをしながら放課後の授業などを管理してくれる基本管理型留学と、韓国人の教師が常駐する寄宿舎で課外授業および宿泊・食事はもちろん、帰国に備えた韓国の教科目の指導も含め、学習のいっさいを管理してくれる寄宿管理型留学があるという（朝鮮日報二〇〇七年四月二日）。

入試戦略としての活用

同じ時期に、早期留学を入試戦略の重要な要素と位置づけ、活用する傾向がみられるようになった。かつての早期留学は中・高校生が現地での大学進学までを念頭において長期の予定で留学する事例が多かったが、このころには国内外の名門大学への進学に有利な国際中学校や外国語高校(特殊目的高校)などへの入学を狙って初等学校三～四年生で留学し、初等学校卒業前に帰国する一～二年間の短期の留学が増えた(京郷新聞二〇〇六年五月二三日)。外国語高校に外国語特技者選考で入学して、海外や国内の名門大学を目指そうというのである。二〇〇七年二月の朝鮮日報の記事によると、二〇〇六年度のテウォン外国語高校の合格者の三一・八%、チョンシン国際中学校の合格者の四五・七%が一年以上の留学を経験しており、「留学は、特殊目的高校進学の必須要件ではないが、入試戦略の重要な要素として活用されているのは明らかな事実であるようだ」と記されている(朝鮮日報二〇〇七年二月二六日)。

国際中学校、外国語高校や韓国内の名門大学のグローバル選考での入学などを目標に学習計画を立てて外国に出ていく早期留学生の増加は、アメリカやカナダなどの留学先で韓国人教師が放課後に韓国の教科書を使って授業をする「国際中学・特殊目的高校対策管理留学プログラム」を運営したり、宿舎で体系的に学習を指導したりする管理型留学の登場により、外国でも韓国の入試体系に合わせた学習が可能になったことと関連があるとされている（東亜日報二〇〇八年五月二〇日）。

帰国児童・生徒の急増と適応問題

早期留学生の増加にともない、留学後、帰国して初・中・高校に編入する児童・生徒が急増した。二〇〇〇年度には六五六二人であったが、二〇〇三年度には一万二一九八人、二〇〇六年度には一万八三六二人になった（図3‐2）。二〇〇六年度の帰国児童・生徒数の内訳は、初等学生一万〇五三六人（五七・四％）、中学生四八五一人（二六・四％）、高校生二九七五人（一六・二％）であった。また、同年度の帰国児童・生徒の外国滞在期間は、二年未満一万二九四二人（七〇・五％）、二年以上三年未満二三四二人（一二・八％）、三年以上五年未満一八〇九人（九・九％）、五年以上一二六九人（六・九％）で、二年未満の者が約七割を占めていた。初等学生よりも中学生、中学生よりも高校生のほうが外国滞在期間の長い者が多い傾向がみられるが、高校生の場合でも六二・四％は二年未満の帰国生徒で占められていた（韓国教育開発院「初・中・高留学生出国および帰国統計」）。

帰国した児童・生徒のなかには、言語疎通の問題や文化的違い、学習不振などにより、学校生

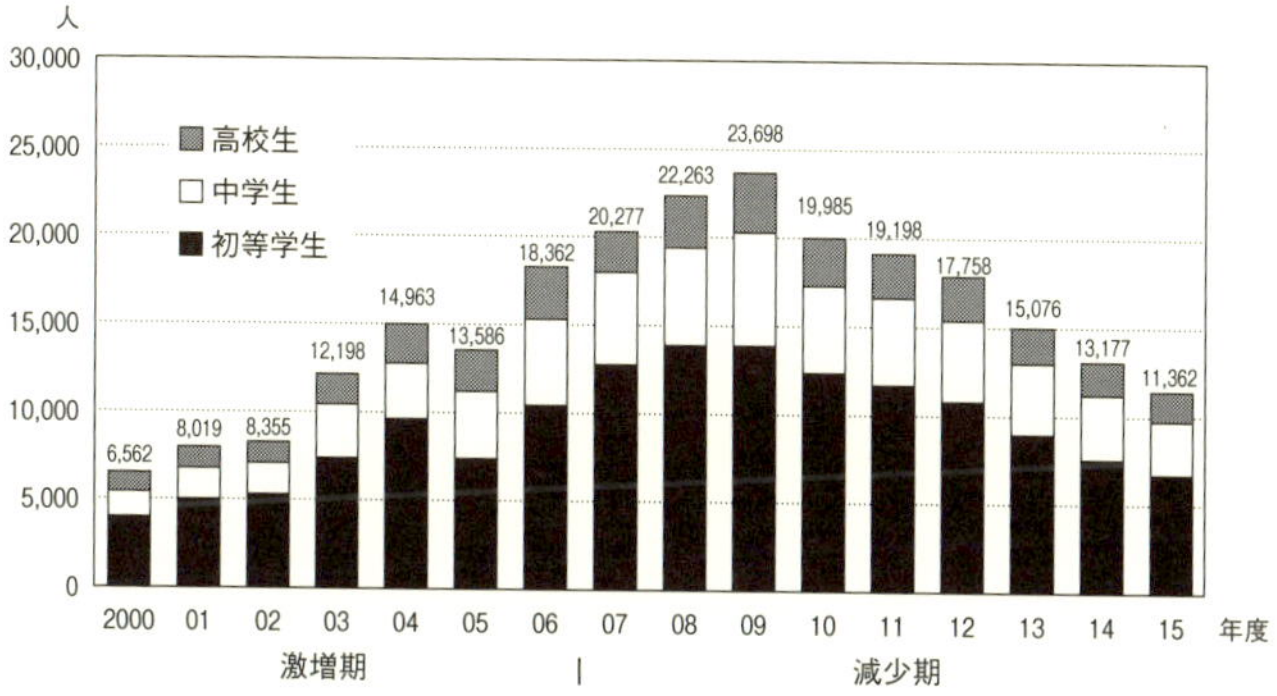

図 3-2　帰国児童・生徒数の推移

出所：韓国教育開発院「初・中・高留学生出国および帰国統計」各年度、教育部・韓国教育開発院『教育統計分析資料集』各年度より作成。

活への適応がうまくいかない者も多くいた。それにもかかわらず、彼らの適応を助ける学校や教育プログラムが非常に不足しており、早期留学→帰国→学校生活不適応→再留学の悪循環が繰り返されていることが問題視された。二〇〇六年三月当時、韓国内の帰国学生モデル学校は一〇校、一般の学校に設けられた特別学級は二六学級で、計四〇一人の帰国児童・生徒しか適応を支援する教育を受けておらず、それもソウル・京畿・大田・釜山地域に偏っていた。さらに、「留学期間二年以上、帰国後六ヵ月未満」等の条件も適応を支援する教育を受ける障害になっていた（世界日報二〇〇六年三月六日）。

「留学生インフレ」現象——英語力だけで就職する時代は終わった

いっぽうで、早期留学生数がピークに達した二〇〇六年頃から、就職において早期留学経験があることの優位性が低下しているといわれるようになった。

韓国日報は、一九八〇年代半ばから一九九〇年代半ば頃に早期留学した人々を「早期留学第一世代」として彼らの現状を取材し、「海外の名門大の卒業が、もはや出世の保証にはなっていない」と報じた。高い費用をかけて早期留学し、家族の「生き別れ」まで経験しても、留学先での就職に成功するケースはごく稀であり、韓国内での就業においても早期留学の利点が日に見えて減ってしまったのである。これは、早期留学第一世代の帰国が本格化して「留学生インフレ」現象が起きているためであった。韓国内の大企業は、すでに新入社員公募採用のさい、留学経験者とそうでない者との区分をしていなかった。そのため、早期留学生の多くが求職を諦めて、海外居住経験と親の資金力を用いて貿易業を始めるか、語学学校や飲食業などの自営業に進出しており、親から経済的援助を受けられない者は、塾講師、留学カウンセラーなどの職を転々としていた。「国内派と早期留学派の英語力が平準化して、もはや英語力だけで就職する時代は終わった」「企業も業務適応力と判断力を高く評価する傾向にあるため、早期留学生の就職率は日に日に低くなっている」との就職サイト関係者の言葉が紹介され、早期留学経験者の座談会の記事には「留学生だと特別待遇を受けるという幻想は持たないほうが良い」との小見出しがつけられた（韓国日報二〇〇六年七月三一日）。英語さえ上手ければいい時代は過ぎたのだった。

第3章では、早期留学が激増した時期の動向についてみた。経済危機を経験したことによりグローバル化への対応の必要性が強く意識されるようになり、英語熱・留学熱がさらに高まるなか、経済の回復と成長継続に後押しされ、早期留学生が激増した。早期留学全面自由化方針の発表を契機に人々の早期留学への関心が大きく高まり、早期留学は中間層に拡大していった。初等学生による一〜二年の短期留学が増加し、中国や東南アジアへの留学ブームが起こるなど、留学先も多様化した。「キロギ・アッパ」に象徴される家族問題の深刻化により「管理型留学」が人気を得るとともに、早期留学が入試戦略として活用されるようになった。また、初期の留学生の帰国が本格化すると「留学生インフレ」現象が発生し、就職における優位性の低下が指摘されるようになった。

早期留学ブームが過熱するなかで、個々の家族はどのように早期留学を選択し、経験したのだろうか。続く第4章と第5章では、私が出会った早期留学生とその親たちの経験や思いを紹介し、検討していく。

注

1 立法過程に対する国民の参加機会を拡大するため、政府が法令案を準備する過程で、法令案の内容を国民に予告・公開し、国民の意見を収斂して立法内容に反映する制度。

2 高校平準化については、第1章参照。進学する高校が抽選で決定されるため、同じ学校で学ぶ生徒間の学力差が大きくなり「勉強のできる生徒たちは学校で学ぶことがなく、勉強のできない生徒たちは学校にただ遊びに行くのが韓国の高校教育の現実」になっていると批判された（朝鮮日報二〇〇〇年四月一四日）。

3 Test of English Proficiency developed by Seoul National University. 民間資格の国家公認英語能力検定。

4 約二八〇～三八〇万円。二〇〇二年の賃金労働者の月平均賃金（男性）が二一二万ウォン（雇用労働部「雇用形態別勤労実態調査」）であるので、平均よりやや高い水準である。

5 韓国で最初の留学博覧会が開かれた一九九四年当時は、ソウル市内のホテルで、アメリカの大学が留学生誘致のために開く巡回イベントとしておこなわれた（国民日報一九九四年四月一五日）。

6 江原道《カンウォンド》にある全寮制の自律型私立高校で、民族教育と英才教育を柱とする教育プログラムとめざましい大学進学実績で知られる。校内では英語が常用されており、英語圏の大学に進学する生徒向けの授業では、国語と国史以外のほとんどの授業がすべて英語でおこなわれている。

7 一千万ウォンは約一〇八万円、七〇〇万ウォンは約七五万円、六〇〇万ウォンは約六五万円、五〇〇万ウォンは約五四万円、四〇〇万ウォンは約四三万円、三〇〇万ウォンは約三二万円、二〇〇万ウォンは約二二万円。

8 国際中学校とは、グローバル人材の育成を目的として作られた中学校で、国語と国史以外のほとんどの教科の授業が英語でおこなわれる。二〇〇六年当時、全国に二校存在した。

参考文献

（日本語文献）

石川裕之　二〇一四「韓国における国家カリキュラムの革新とグローバル化」『教育学研究』八一（二）、二一四―二二六頁。

経済産業省　二〇一四「アジア通貨危機後の韓国における構造改革」『通商白書』一七八―一八四頁。

朴惠暻　二〇一四「グローバリゼーションと韓国中間層家族戦略のジレンマ」平田由紀江・小島優生編『韓国家族――グローバル化と「伝統文化」のせめぎあいの中で』亜紀書房、二一五―二四〇頁。

（韓国語文献）

キム・ジョンス　二〇一一「比較論的考察を通した韓国型英語村のモデルの研究」『韓国比較政府学報』一五（一）、一二九―一五八頁。

キム・ホンウォンほか　二〇〇五『早期留学に関する国民意識調査研究――規制順応度を中心に』韓国教育開発院。

ベク・ジンア　二〇〇一「経済危機による家族生活の変化と家族主義」『社会発展研究』七、二七―五〇頁。

韓国教育開発院　二〇〇一『韓国教育の現実と早期留学（留学移民）の明暗（二〇〇一年度第一次ＫＥＤＩ教育政策フォーラム）』韓国教育開発院。

第4章　早期留学生とその親たち

早期留学生とその家族は、どのような経験をし、どのような思いを抱いたのだろうか。第4章と第5章では、インタビュー調査を通して聴き取った早期留学の事例のなかから、特徴のあるものを紹介し、検討する。第4章では、激増期の早期留学の事例を、中高校生の場合と初等学生の場合に分けてみていく。

1　調査の概要と中高校生および初等学生の早期留学の特徴

インタビュー調査の概要

早期留学ブームが最高潮に達した二〇〇六年、三月の予備調査をふまえ、八月に韓国の首都圏（ソウル特別市および京畿道）と大田広域市で、早期留学生やその親など、直接、早期留学を経験した人たちに対するインタビュー調査をおこなった。八月に調査をすることにしたのは、夏休み中に一時帰国している留学生やその保護者に会える可能性を考えてのことである。私がこの計画を話したとき、韓国人研究者には、「えっ、韓国で調査をするの？」とやや驚いた反応をされた。韓国人研究者が早期留学についての実証研究をする場合には、アメリカやカナダなど、早期留学先に出向いて調査をするのが一般的だったからだろう。

調査対象者は、知り合いのつてを辿って探した。大田広域市には、共同研究で知り合った学齢期の子どものいる研究者が何人かいて、調査対象者を探すのに協力を得られることになったので、ここでも調査をすることにした。表3-1（一〇三頁）に示したように、大徳研究団地を擁する大田広域市は、当時、首都圏に次いで早期留学熱の高い地域であった。インタビュー対象者を芋づる式に探すと、似たようなタイプの人ばかりに会うことになりがちなので、複数のルートから、多様な早期留学経験者に出会えるよう努めた。仲介をお願いした方々からは、高校や大学時代の友人、近所の人、ママ友、夫の同僚、習い事の先生など、さまざまなネットワークを通じて調査対象者を紹介していただいた。

インタビューは、日本語が流暢な一人を除いて、韓国語でおこなった。首都圏での調査には、奥井亜紗子（京都女子大学、当時神戸大学）が参加した。インタビューの場には、紹介者や調査補助員の韓国人大学院生が適時、同席した。インタビュー対象者にできるだけ気兼ねなく話してもらいたいと考え、録音は控え、メモを取り、その日のうちに整理して事例ごとに調査記録を作成した。

三月の予備調査と八月の本調査で、合わせて三二人の方から、三七人（二五家族）の留学生（元留学生を含む）の事例について、留学の理由や経緯、留学先での生活、韓国にいる家族との関係、教育観、将来展望などについて話を聴くことができた。インタビューに応じてくださった三二人は、留学生五人、留学生の母親一七人、留学生の父親八人、留学生の姉一人、留学生の伯母一人である。二五家族の居住地は、ソウル特別市六家族、京畿道九家族（城南《ソンナム》市八、光明《グァンミョン》市一）、大田広域市一〇家族である。父親の職業は、大学教員・研究員八人、医師六人、会社経営・個人事業者五人、公社職員・会社員五人、弁護士一人であり、母親の職業は、専業主婦一五人、医師、塾講師および英語教師、伝道師および教会の仕事各二人、研究員、経営者、看護師、医院手伝い各一人であった。調査対象となった三七人の早期留学生の性別は、男性二二人、女性一五人で、調査当時の年齢は、一九歳以上一〇人、一六～一八歳一〇人、一三～一五歳八人、一二歳以下九人であった。留学先は、アメリカ二一人、カナダ一〇人、イギリス、ドイツ、中国各二人、ニュージーランド、フィリピン、フランス、南アフリカ共和国各一人である（複数の国への留学経験者がいるため合計は三七人を超える）。

その後、二〇一二年から一四年にかけて、首都圏、大田広域市、カナダのバンクーバーで、早期留学経験者やその親へのインタビューを随時おこなった。[1] こちらの調査からも、激増期の早期留学生の事例を紹介する。

将来の見通しと早期留学

早期留学の実行にあたっては、留学先の国や地域の事情はもちろん、個々の留学生および家族の置かれた状況や考え方によって、留学するタイミング、留学先の国や地域、学校、居住形態、留学期間など、さまざまな選択がなされる。そして、その選択は、その時々の状況にともなって変更されていく。以下では、インタビュー調査で聴き取った早期留学の事例について、留学はどのように始まったのか、留学中の生活はどのように営まれたのか、そして、その先にはどのような展望があるのかをみていく。それぞれの子どもの人生の見通しのなかに早期留学がどのように位置づけられているのかに注目しながら、特徴的な事例を紹介していきたい。

中高校生の早期留学は、いったん留学したら大学を卒業するまでは外国の学校に通うことを想定して開始される場合が多い。最終的にはアメリカで高等教育を受けることを目指す場合が多いので、アメリカへの留学が多くなる傾向がある。子どもを学校の寄宿舎に入れたり、現地の家庭にホームステイさせたりして、一人で留学させることも可能な年齢であるが、子どもとともに母親が外国に住む方法がとられることもある。大学または大学院卒業後は、外国で働くという展望を持っている場合もあれば、韓国に戻って就職しようと考えている場合もある。

二〇〇〇年以降、急速に増えた初等学生の早期留学は、グローバル化時代を生き抜いていくために必要な英語の習得を目的に、一〜二年程度の比較的短い留学期間をあらかじめ定めたうえで開始される場合が多い。とりあえず一年などと期間を決めて留学し、その期間が経過したらいったん帰国するか、再検討することになっている。もちろん、一年だけのつもりで留学しても、大幅に延長される場合もある。中高校生に比べて留学先は幅広く、アメリカやカナダ、ニュージーランドなどの英語圏の現地校や、その他の地域のインターナショナルスクールが選択される傾向がある。年齢的に幼い初等学生の場合でも、父親が韓国に残って働いて母親が子どもの留学に同行する方法ばかりでなく、子どもを外国に住む親戚宅に預けたり、現地の家庭にホームステイさせたりするなどの方法がとられる。英語の習得や外国の文化の体験に留まらず、国際中学校や外国語高校への進学や、外国の中・高校への留学を視野に子どもを留学させる親も少なくない。子どもを初等学生の段階で早期留学させる親たちの多くが、将来、外国、とくにアメリカで高等教育を受けさせることを望んでいる。韓国の外国語高校などへの進学が、アメリカの大学に入学するためのステップと位置づけられている場合もある。グローバル化が進むなか、子どもが将来、より良い教育環境を選択できるようにするための準備が、初等学校の段階から始められているのである。

2　中高校生の早期留学

親の海外赴任の機会を利用して

最初に紹介する事例は、大学教員など研究職の父親が家族とともに外国（多くはアメリカ）で在外研究の期間を過ごした後、子どもと母親を残して帰国するという、早期留学ブームの初期からよくみられた型が含まれる事例である。二〇〇六年の調査当時、在外研究終了後に子どもを外国に残してくることは韓国の大学教員の間で普通におこなわれており、むしろ子どもを連れて帰国した教員のほうが「なぜ連れて帰ってきたの？」と周囲の人々から理由を問われる状況だった。

イ・ジウさん、ウンウさん姉妹がアメリカでの大学進学までを見通した留学に踏み切ったのは、二〇〇二年七月、ジウさん一六歳（高一）、ウンウさん一四歳（中二）のときであった。在外研究のため一年間、アメリカの大学に行くことになった大学教員の伯母（母親の姉）が、姉妹に留学の話を持ちかけたのだった。

父親のアメリカ留学中に生まれた姉妹は、アメリカ市民権を持っていた。ジウさん五歳、ウンウさん三歳までをアメリカ中西部で過ごした後、韓国に帰国したが、ジウさんが初等学校六年生、ウンウさんが四年生のとき、大学教員となった父親の在外研究のため家族でアメリカ南部に赴き、一年半暮らした。帰国後、二人は韓国での生活に適応したが、とくに妹のウンウさんが、しきりにアメリカの学校と韓国の学校を比較しては、アメリカの学校に行きたがっていた。そのことを気にかけていた伯母は、在外研究に姉妹を連れていこうと考えた。伯母と両親は話し合い、伯母の在外研究期間終了後には父親が在外研究でアメリカに行くようにし、姉妹がアメリカで大学まで通うという見通しを立ててから、姉妹に留学の意思をたずねた。アメリカの学校での経験が良かったと感じていた姉妹は、伯母とともにアメリカに行くことを決めた。

二〇〇二年七月、姉妹は伯母とともにアメリカ西海岸の都市に移り住んだ。アメリカ市民権を持つ姉妹は、公立学校に通うことができた。彼女たちが暮らした地域には大きなコリアン・コミュニティが形成されており、学校にも韓国人の生徒が多くいた。ヒスパニックと白人の生徒が多かったが、全校生徒約三千人中、約二〇〇人を韓国人が占めていた。韓国人が熱心に学ぶことを知っていた学校側は、初めから姉妹に高進度クラスで学ぶよう勧めた。

アメリカの学校では、朝八時に授業が始まり、一日に五～六科目の授業を受けた。アメリカの学校の良いところは、自分が聴きたい科目を選べることと、習熟度別のクラスで授業を受けられることだった。韓国の高校に通っていたときは、放課後、学校で自律学習をしたり、塾に行ったりして、夜二時頃まで勉強するのが当然の生活をしていたが、姉妹は高進度クラスの授業を受けていたため課題が多く、アメリカでも夜の二時、三時まで勉強することもあった。

伯母は一年間、姉妹とともに暮らし、家事はもちろん、車で送り迎えをし、学校行事に参加し、学校のカウンセラーとの面談にも出向いた。つぎの一年間は、父親が当地の大学で研究をおこなったため、家族揃って暮らすことができた。父親の帰国後は、母親と姉妹がアメリカに残った。父親はキロギ・アッパとなり、学期の間の休みのたびにアメリカに来て、姉妹の面倒をみたり、研究をしたりする生活となった。家族が離れて暮らすことは辛かった。彼女たちの周りにも、キロギ家族は多かったという。

姉のジウさんは大学生になると寄宿舎に入った。そして、二〇〇六年秋からウンウさんも大学生になり、寄宿舎で暮らすことになったので、母親は韓国に戻ることになった。

姉のジウさんは、大学で社会福祉と公衆衛生を専攻して国際機関で働きたいと考えているが、韓国に帰ることのできる機会が与えられれば、帰りたいと思っている。妹のウンウさんは医者になりたいと考えており、発展途上国に行って活動したいという思いもある。韓国に帰るかどうかは、まだわからないという。

幼いころに親の海外赴任に同行してアメリカの学校に通った経験から、子どもがアメリカ留学を希望したという事例には、いくつも出合った。なかには、帰国後、子どもが韓国の学校生活に適応できず、勉強についていけなかったため、アメリカに早期留学させざるをえなかったという事例もあった。伯母が姪を在外研究に連れていったことに驚いた人もいるかもしれない。きょうだいに大学教員がいる場合、在外研究で外国に行くさい、他のきょうだいの子どもたちも一緒に連れていくことは、それほど珍しいことではなかった。また、アメリカの大学の学位所持者が多い韓国では、大学教員や研究員の子どもが、親の留学中にアメリカで出生したためアメリカ市民権を持っていることも、珍しいことではない。

アメリカ東部の名門私立寄宿学校へ

「できることならこうしたいと、韓国の母親たちが憧れるような早期留学の事例を紹介してあげよう」と言われて話を聴きに行ったのが、この事例である。

専業主婦のチェ・ヨンスクさんは、二〇〇三年秋に、当時一六歳の長男をアメリカ東海岸の名門私立寄宿学校（ボーディングスクール）に送り出した。二〇〇六年秋には、長男はアメリカの名門私立大学に進学し、次男は長男と同じ高校に入学することになっている。

息子たちの留学に積極的だったのは、大手弁護士事務所で主席弁護士を務める夫であった。夫が大学院で学ぶため、一家は以前、一年間、アメリカ中西部で生活したことがあり、そのときアメリカの学校教育の良さを知った。長男が初等学校二年生、次男が五歳のときのことであった。長男がとくに好んだのはプロジェクト式の授業で、「うちの子、天才かな、と思うくらいできた」という。長男は地図が好きだったが、どの国に興味を持っても、教師は自由に勉強させてくれ、絶えず褒めてくれた。

アメリカでは、学校以外の教育は水泳を習わせるくらいでよかったが、韓国に帰国すると、息子たちは塾通いで忙しくなった。数学、英語、論述、ピアノ、水泳、サッカーを習わせており、一日に二つの塾に通えるようスケジュールを組んだ。息子たちは友だちもできて楽しく過ごしていたが、夫は折に触れて、「アメリカの学校に行ってみないか」と促した。長男は一年ほど考えて、ようやく行く決心をした。

教育熱心な夫は、息子の塾選びも妻と一緒にしていたが、アメリカの高校選びにも積極的に関わった。進学先の候補として考えていたのは、アメリカ東海岸の名門私立高校だった。二人の息子が通うことになった高校は、寄宿制私立高校の全米ランキングで常に一〇位から二〇位の間に位置している名門高校で、韓国の母親たちの間でも憧れの学校のひとつとされている。一学年一七〇人中、韓国人は二～三人だった。定まったクラスはなく、個々の生徒が授業を選択する大学のような形式で、ひとつの授業の受講生は六～七人に過ぎず、討論を重視した教育がおこなわれている。「だから学費が高いのよ」とヨンスクさんは言った。授業では、毎回、与えられた課題について発表するなど、自分の考えを整理して話す必要があるため、予習に時間がかかる。

大学卒業後には、アメリカの大学院に行かせる予定である。長男は国際関係学に興味を持っており、法科大学院か経営学大学院に行くことを考えている。次男については、まだあまり具体的に考えていないという。

二人の息子をアメリカの名門寄宿制私立高校に通わせることは、息子たちの能力はもちろん、親にそれを支えるだけの経済力が必要なため、簡単にできることではない。夫の並み外れた収入があってこそ、可能となった選択である。子どもをアメリカ東海岸の名門私立高校に通わせると、寄宿料も含めて、年間三万ドル以上かかるという。

別のルートを求めて

韓国の学校でうまくいっていない、特殊目的高校など名門大学進学に有利な高校に進学できそうにない、などの理由で、子どもを早期留学に送り出す親たちもいる。

専業主婦のソ・ミギョンさんは、二〇〇六年一月に、高校一年生の息子をアメリカ南部の高校に交換留学生[2]として送り出した。二〇〇六年九月からは、アメリカ中西部にある私立高校の一〇学年(高一)に入る予定である。息子が勉強に集中できなくなったことから、留学を考えたという。

ミギョンさんは、会社経営者の夫と息子の三人家族である。息子が幼いころから、アメリカで大学教員をしているミギョンさんの兄から早期留学の誘いを受けていたが、価値観が定まらないうちは外国で生活しないほうが良い、幼いころから両親と離れて生活するのは望ましくない、と考え、行かせなかった。

中学三年生から高校一年生にかけて、それまで勉強がよくできていた息子が、勉強しなくなった。サッカーをやろうとしたり、恋人ができたりして、勉強から気持ちがそれてしまった。家族で息子の将来について話し合うなかで、留学してみてはどうか、という話になった。もともと数学と科学が得意だったので、大学では生命工学を学ぶのが良いのではないかということになった。

まずは六ヵ月間、アメリカ南部の高校に交換留学生として行かせて、様子をみることにした。アメリカの高校では授業が楽しく、息子は、留学後一ヵ月で授業がすべてわかるようになった。ホストファミリーの黒人家族は「天使みたいな人」で、楽しい時間を過ごすことができた。そこで、留学院を通して学校を探し、候補の学校に願書を送った。夫は仕事を休み、家族三人でアメリカに行き、二週間かけて六つの学校に行って面接を受けた。最終的に選んだアメリカ中西部の高校は、伝統のある進学校で、在校生四〇〇人のうち三〇人ほどをアメリカの大学への進学をめざす韓国人が占めている。この高校では寄宿舎に住むことになっている。アメリカで大学院まで出た後、韓国に戻って就職してほしいと、ミギョンさんは考えている。

序章で紹介した女性医師は、特殊目的高校への入学が難しいことから長女の早期留学に踏み切ったが、同様の事例は他にもあった。韓国で思い通りの進路に進めそうにないとき、あるいは、進めなかったとき、成功への別のルートとして留学が企図される事例も少なくない。

中国の中学校へ

非英語圏である中国への早期留学は、どのような将来展望のもとに選択され、どのように実行されるのだろうか。

　中学二年生になるカン・ジュンホ君は、二〇〇六年春、北京にあるインターナショナルスクールに留学し、新学期が始まる九月からは中国人生徒が通う中学校に移ることになっている。彼の父親は電気関係の事業を経営しており、母親は専業主婦、二人の姉は大学生である。

「中国に留学した理由は、夢が事業家だから。中国は市場が大きく、事業家になろうとすれば中国で勉強するのが良いだろうと思った」とジュンホ君は言う。留学は、彼を事業家に育てようと考えていた両親のほうから言い出した。両親は韓国の教育に対し「多くのものを得られる教育ではない」と強い不満を感じており、息子が広いところで、広い視野を持てるようになることを望んで留学させた。中国には何度も家族で旅行に行き、上の姉は中国の大学に交換留学生[3]として留学した経験があり、家族みなに「これからは中国が重要になる」という認識が共有されていた。ジュンホ君は初等学校六年生のときから中国語を習いに語学学校へ通い始めるとともに、大学で中国語を専攻する姉からも習い、中学二年生になるタイミングで中国に留学するための準備をした。

　留学先の学校は、留学院や子どもを中国に留学させている友人・近隣の家族からの紹介、インターネットで調べた情報を集めてリストを作り、中国に行って、実際に学校を訪問して選んだ。まずインターナショナルスクールに通い、ある程度適応してから中国人の通う学校に移ることにした。ジュンホ君は学校の寄宿舎に住んでいる。韓国人生徒は五〇人ほどおり、男子生徒のほうがやや多い。家族とはインターネット電話やパソコンによる画像通話で、毎日連絡し合っている。そのため、寄宿舎には韓国人留学生用のコンピュータ室が備えられている。

九月から移る予定の学校は、留学院から紹介を受けた。清潔で良い施設を備えた学校だという。ジュンホ君は大学を卒業するまで中国にいる計画である。中国への留学生が急速に増えているため、中国の大学の外国人選考の競争率はとても高くなるだろうと予想している。両親は、大学で国際経営や貿易を専攻して欲しいと考えている。

中国への留学は、今後、中国が国際的に重要な地位を占めるという展望のもとになされる。グローバルに活躍するには英語だけでなく中国語も必要だと考えたり、将来のビジネスのため中国に関する知識や理解を深め、人脈を築いておこうと考えて、中国留学が実行されている。中国の大学を卒業した後、アメリカの大学院に行く展望を描いている事例もあった。

管理型留学

キロギ・アッパに対する社会的批判が高まるなかで、母親が同行する必要のない留学形態として人気を得るようになったのが管理型留学である。留学後も、現地のエージェントが子どもの勉学と生活を管理し、保護者に報告してくれる。

専業主婦のユ・ヒジンさんは、二〇〇六年一月、留学院を利用して中学一年生の息子をカナダのバンクーバーに留学させた。留学院が現地でホームステイとアフタースクールを管理してくれる形態の留学である。一年半か二年経ったら、いったん帰国する予定である。

ヒジンさんの息子は勉強が嫌いで、英語も好きではなかった。ヒジンさんは、息子の学年が上がるにしたがって、勉強ができないことへの危機感をつのらせていった。息子は、周りの子どもたちが留学するのを見て、自分も英語ができたらいいという思いを持っていたので、初等学校五年生のとき、一ヵ月間、アメリカに移住した夫のいとこの家に行かせた。初等学校六年生の夏休みには、韓国内の英語キャンプ（英語合宿研修）に参加させた。

息子が初等学校六年生になったころから、ヒジンさんは留学を考え始めていた。グローバル化時代になり、英語ができなければならないのに、韓国では英語の勉強が難しいと感じていたからである。また、一人で自立して生活する機会を与える、他の国の文化を体験させる、というねらいもあった。会社経営者の夫のほうが、ヒジンさんよりも息子の留学に積極的な態度を示した。一年半か二年で帰国させるつもりだったので、帰ってきたときのことを考えて、早く留学するよう息子に勧めたが、息子が留学する気になったのは初等学校六年生の二学期だった。

子どもの留学に同行したいという思いはあったが、費用がかさむので、子どもだけ行かせることにした。夫の知人の息子が利用した留学院を紹介してもらい、その留学院が扱っている留学先のなかからカナダのバンクーバーを選んだ。アメリカは費用が高いため、初めから考えていなかった。

この留学院では、一度に六〇人ほどの子どもたちをバンクーバーに送り込み、二〇人くらいずつ三つのエリアにホームステイさせていた。カナダでは、公立の学校に通うことができる。カナダの学校は勉強の進度がゆっくりで、息子が楽しく授業に参加しているので、ヒジンさんは満足している。午後三時頃に学校が終わった後、週三回、留学院によるアフタースクールがある。学校の教室を借りて、帰国後、韓国の学校の授業についていけるよう、韓国の学校と同じ進度で国語・英語・数学を学ぶ。アフタースクールには栄養士がいて、トッポッキなどの韓国のおやつを作ってくれる。学校への車での送迎は、普段はホストファミリーがするが、アフタースクールがある日には、留学院の車で夜七時頃に帰宅する。アフタースクールのない日は、家で遊んだり、宿題をしたり、本を読んだりして過ごす。週一回、ホームステイ先と留学院から、保護者宛に報告のメールが来る。留学院からは子どもが使った小遣いの明細とアフタースクールの成績を知らせてくる。息子とは週に一～三回ほど電話で話している。悪い友達を作らないかが一番の心配である。

二〇〇六年の夏、ヒジンさん家族は息子の留学先を訪ねた。自然環境がすばらしく、息子もホームステイ先になじんで、うまく生活していた。息子の英語も上達し、初等学校三年生の娘がうらやましがって、自分も留学したいと言い出した。

ヒジンさんは、息子がどこで高校へ行くことになっても、大学は世界の大学ランキングで評価が高いアメリカの大学に行かせたいと考えている。「韓国の大学は競争力がない。世界で一〇位以内に入ったことがない」とヒジンさんは言う。息子の将来については、本人が好きなことをやればいい、楽しみながらお金もたくさん稼げれば、それに越したことはないと思っている。息子がアメリカの大学を出て、アメリカで就職して、アメリカ人と結婚してもかまわないと言う。

管理型留学には、ホームステイをするタイプのほかに、留学院が用意した寄宿舎で生活するタイプのものもある。また、帰国を前提に一～二年程度の留学の管理をしてくれるものだけでなく、留学の準備から外国の大学の願書を書くところまで、長期にわたり継続して相談にのり面倒をみてくれる「トータル管理」といわれる管理型留学もある。

3　初等学生の早期留学

親戚の家に預ける

序章では、父親を韓国に残し、初等学生の子どもの留学に母親が同行する事例を紹介したが（一一～一三頁）、母親が同行しない事例も多い。子どもを海外にいる親戚宅に行かせるのは、早期留学のさいによくとられる方法のひとつである。その背景には、海外に居住する親戚や知人のいる人が多くいることがあげられる。韓国外交部の「在外同胞現況」によると、二〇一二年一二月末現在、海外に住むコリアンは約七〇一万人（市民権者および永住権者約五五二万人、在留者約一四九万人）であり、これは韓国の人口（約五〇〇〇万人）の一四％にあたる人数である。中国に約二五七万人、アメリカに約二〇九万人、日本に約八九万人、カナダに約二〇万人、ロシアに約一八万人、ウズベキスタンに約一七万人、オーストラリアに約一六万人、カザフスタンに約一一万人のコリアンが居住しているとされている。ニュージーランドには約三万人（市民権者および永住権者約二万人、在留者約一万人）のコリアンが居住している。

専業主婦のキム・ジョンヒさんは、二〇〇五年一月から一年間、初等学校五年生になる長女をニュージーランドに留学させた。韓国で初等学校四年生を終えてから行き、中学校が始まる前に帰ってくるのが、留学するのにもっとも良い時期だと考えたからである。留学中、長女はニュージーランドに移住したジョンヒさんの母の家で暮らした。

ジョンヒさんは、会社員の夫、長女、次女の四人家族である。長女には、幼稚園に入る前から英語を習わせていたが、なかなか話せるようにならなかったため、留学させることにした。会社員の夫は、娘の留学を応援しており、お金さえあれば行きなさいという態度だった。大学で中国語を専攻し台湾への留学経験があるジョンヒさんに対し、留学の機会に恵まれなかった夫は、「娘は幸せだなぁ」と言っているという。

ニュージーランドには、ジョンヒさんの母、姉、妹の三人が移住している。姉と妹は結婚しており、母は一人暮らしである。長女は留学中、母の家に住み、母が長女の世話をしてくれた。ジョンヒさんは母に家賃と生活費を支払った。

ニュージーランドの小学校に留学中、長女は学校の授業が終わると、アフタースクールに参加して数学と英語の勉強をしていた。帰国後、韓国の学校の授業についていくために、韓国人の先生に学校に来てもらい、韓国人留学生七人で数学を習った。英語は学校の先生に習った。五時にアフタースクールが終わると、母が車で長女を迎えに行き、家で夕食をとった後、宿題をした。ジョンヒさんの母は英語ができないので、長女は一人で宿題をし、わからないところがあると叔母（ジョンヒさんの妹）に電話して教えてもらっていた。夜は一〇時頃に就寝し、韓国に比べると余裕のある生活だった。

一年後、長女は帰国し、韓国の初等学校六年生になった。長女はニュージーランドでずっと勉強したいと言ったが、経済的な問題もあるし、家族がずっと離れているのは良くないと考えたため、帰国させた。「これから先は、英語は基本」の時代なので、五つ年下の次女も初等学校五年生くらいのタイミングでニュージーランドに行かせる予定である。

今後は長女の様子を見て、実力があれば応援しようと思っている。夫は娘たちに専門職に就いてほしいと考えている。ジョンヒさんは、娘たちを上海のインターナショナルスクールに通わせるため、母子で上海に行くことを希望しているが、夫の同意を得られずにいる。

韓国の人たちは、子どもを夫や妻の実家、きょうだいの家などに預けることにあまり抵抗がない。私の知人にも、仕事が忙しいため平日は初等学生の子どもを夫の実家に住まわせ、仕事の後、勉強を見に行っている人がいる。

ジョンヒさんは、初等学校五年生のときが早期留学にもっとも適したタイミングであると考え、帰国後、韓国の学校の勉強についていけるよう配慮して、娘をニュージーランドに移住した母のもとに行かせた。二〇〇六年夏に京畿道城南市盆唐区の早期留学生が多い地域にある初等学校で教員に話を聞いたところ、早期留学に行く児童がみられるのは二~三年生からで、五年生のときに行く児童が多いということであった。この初等学校では、五年生の場合、一クラスに三~四人が早期留学に行くそうである。二~三ヵ月の短期研修に行ってくることもある。早期留学に行く児童は、外国にいる親戚のところに行く場合が多いという。なお、韓国の教師の多くは、早期留学に対し否定的な態度を示している[4]。

競争力のある人材に

初等学生の早期留学のおもな目的は、多くの場合、英語の習得である。グローバル化時代を生き抜いていくためには、英語が必要だからである。初等学生の早期留学先は幅広く、世界各地に及んでいる。その背景には、先述したように、海外に住むコリアンが世界各地に存在していることがある。韓国から遠く離れた南アフリカ共和国への早期留学の事例を紹介する。

オ・ヨンミさんは二〇〇四年九月、初等学校三年生のときから、長男を南アフリカ共和国ケープタウンのインターナショナルスクールに留学させており、二〇〇七年夏に帰国させる予定である。南アフリカ共和国に移住した夫の兄の家族に長男を預けている。

「［韓国では］英語のためにお金と時間があまりにもかかります。母親にもすごく負担になります。だから、初等学生のときに［留学に］行ってきたほうがいいと思いました」とヨンミさんは言った。次男が生まれるまで外国企業で英語を使って働いていたヨンミさんも、外資系企業で働く夫も、英語の必要性を実感していた。ヨンミさんの長男は、英語のネイティブスピーカーがいて英語で教育をする英語幼稚園に通った。英語の家庭教師もつけた。長男が初等学校一年生のときから、自分が子どもたちを連れてカナダかアメリカに六ヵ月くらいの英語短期研修に行こうと考えていたが、ひとりで幼い次男と三男を連れていくのは大変なので実行できずにいた。そこへ南アフリカ共和国に移住した夫の兄から、南アフリカに留学させるよう誘いを受けた。たくさんの勉強に追われていた初等学校三年生の長男は、自然のなかでのびのびと生活してみたいと考え、自ら行くと言った。

ケープタウンには、韓国人が二千人ほど住んでいるという。長男はインターナショナルスクールに通っているが、南アフリカは元イギリス植民地であるため、現地の一般の学校でも英語で授業がおこなわれている。義兄の家のなかでは韓国語を話しており、週末には義兄が韓国の昔話を読み聞かせてくれたりしている。

ヨンミさんは、長男が韓国人としてのアイデンティティを確立できるよう気を配っている。長男は自分のアイデンティティにとまどいがあり、「なんで僕は髪が黒いの？　目が黒いの？」と聞いてくる。長男の周りには世界各国から来た人たちがいるが、白人が多い。ヨンミさんは、長男が長期休暇で帰国したときに歴史教室に入れたりして、韓国のことについて学ばせる努力をしている。

長男は二〇〇七年夏に帰国することになっているが、アメリカの中学校に行かせ、そのままアメリカの大学に入学させたいと考えている。それは「競争力のある子ども」に育てなければならないからである。「英語圏の人は、アジアでもどこでも関係なく就職できます。世界中どこでも生きていける競争力をつけるためには英語が絶対必要だし、アメリカ式の教育の方が、競争力がありますとヨンミさんは言う。長男は活発なのでアメリカ式が合っているが、次男はおとなしくて母親の言うことをよく聞くし、経済的な負担もあるので、韓国で教育するつもりである。

初等学生の留学先は多様だが、将来的にはアメリカで高等教育を受けることを望んでいる事例が多い。

それは生き方の問題

子どもを激しい競争のない教育環境で学ばせることに、早期留学の意義を見出している親たちもいる。

専業主婦のジャン・ミスクさんは、長男を初等学校一年生のときに半年間ハワイに留学させ、さらに四年生のときにカナダのバンクーバーに留学させた。

長男の最初の留学は、二〇〇二年、初等学校一年生のときだった。ハワイにいる妹のところに長男を連れて旅行に行き、そのまま置いてきたという。長男は六ヵ月で帰国した。

二回目の留学は、二〇〇五年一二月、初等学校四年生のときである。カナダのバンクーバーにいる知人にホームステイ先を紹介してもらい、留学させた。韓国人の家庭で、家のなかでは韓国語を使って暮らしている。長男とは、普段は電話とメールで連絡をとり、長期休暇には韓国に帰らせている。

ミスクさんは、長男をカナダに行かせて良かったと思っている。「小さいころから競争が激しい社会で育った子は、心が幸せではない」と考えているからである。長男には、広いところで、広い視野を持って生きさせたいと思っている。それは、人間の生き方やライフスタイルに関わる問題である。息子には、自分の望むことをしなさいと言っている。将来の選択の幅を広げてやりたいと思っている。

ミスクさんの夫は医師である。仕事が忙しく、一日中、患者の診察ばかりしている夫は、息子には自分のように生きるのではなく、広い世界を見て、いろんな経験をしてほしいと考えている。

二〇〇七年からは、長男をアメリカにいる妹のところに行かせ、そのまま大学まで、アメリカで教育を受けさせる予定である。家族が離れていることは心配だ。でも、母親は「私でないとダメ」と思いがちだが、子どもたちは適応しやすく、良い学校や代理の人が子どもを育てることができると考えている。二歳年下の次男も、時期を見て、いずれ外国に行かせるつもりだ。

ミスクさん夫妻は、長男を医師にしたいと考えており、長男も医大に行きたいと言っている。次男については、自由にすればいいと考えている。子どもに投資するのは二〇歳までで、うまくいかなければ韓国に戻らせるつもりである。

ミスクさん夫妻は、子どもを外国で教育することで、激しい競争のない教育環境で学び、広い視野を持ち、余裕のあるライフスタイルを享受できるようになることを望んでいた。

子どもを早期留学させる親のなかには、韓国での激しい入試競争やそれにともなうさまざまな負担や弊害に強い不満を感じている者も多い。韓国の教育環境に対する不満から、子どもを韓国で教育することを拒否して、外国に出て行く場合もある。初等学校に入るやいなや、周囲の子どもたちがみな塾に通い、友達と遊ぶ時間がとれない現実に直面したことから、子どもを早期留学させる時期を前倒ししたという事例もあった。子どもの留学期間が長期に及ぶ予定の場合、家族ぐるみの移住が目指されることもある。

フィリピンのインターナショナルスクールへ

ここまでに紹介した事例は、海外に移住した親戚がいたり、経済的に余裕があったり、親に留学経験や英語を使って仕事をした経験があるなど、早期留学を実行するための条件に恵まれた事例であった。しかし、私が韓国でインタビュー調査をした二〇〇六年頃には、このような条件に恵まれていなくても、インターネットで情報収集して学校を探し、比較的経済的負担の少ない留学先へ行く人たちもみられた。

看護師のユン・ジョンスクさんは、二〇〇五年夏から一年間、初等学校二年生の娘のフィリピン留学に同行し、帰国したばかりだった。ジョンスクさんと娘、それにジョンスクさんの姉とその子ども二人の五人でフィリピンに行き、子どもたちをインターナショナルスクールに通わせた。

「フィリピンを選んだのは、夫を一人残して行くことになるから。アメリカとカナダはあまりにも遠いし、物価もフィリピンは安いから。フィリピンまで飛行機で四時間しかかかりません。夫は一年間いる間に八回来ました」。ジョンスクさんは留学先にフィリピンを選んだ理由をこう語った。ジョンスクさんも姉も、一年間仕事を休み、夫を韓国に残して、子どもの留学に同行した。ジョンスクさんの娘は初等学校二年生、姉の子どもは初等学校五年生と三年生だった。

留学を考え始めたのは、娘が初等学校一年生のときだった。英語塾に通い始めたものの、英語を学ぶ理由を理解できていない娘に、その必要性を感じさせたかった。また、外国での生活経験は子どもの自信になるし、韓国で英語を学ぶよりも短期間で習得できるだろうと考えた。看護師として忙しく働いていたので、自分も休みたかったという事情もあった。

夫はサラリーマンで、共働きだが経済的にそれほど余裕があるわけではない。留学院を通すとお金がかかるので、インターネットでフィリピンのインターナショナルスクールを探した。希望する学校に子どもを留学させている知人がいたので、その人を通して学校に連絡をとり、留学の手続きをした。ジョンスクさんと姉は、語学学校に通うことにして、学生ビザを取得した。

留学先のインターナショナルスクールには、アメリカや中国、台湾、日本、韓国など、さまざまな国の子どもたちがいた。フィリピン人の子どもたちは、政治家や富裕層の子どもたちだった。学費は年間一五〇〇万ウォン（約一六〇万円）ほどかかった。子どもたちは、朝七時に学校が始まり、二時に通常の授業が終わった後、水泳、舞踊、バスケットボール、マラソンなどの放課後の活動に参加してから帰宅した。四時から家庭教師が来て三時間英語の勉強をし、その後、母親といっしょに学校の宿題をした。夕食後は水泳に行った。休みの日には家庭教師を一日六時間頼んだ。家庭教師は時給四〇〇〇ウォン（約四三〇円）ほどで雇うことができた。

フィリピンでは英語で苦労した。学校に行って先生と面談したり、奉仕活動をしたりするのに英語が必要だったし、子どもが学校からもらってくる配布物も英語で書かれていた。学校からの連絡を理解できているか、言われたものを準備できているかと、常に緊張していた。

八〇坪の家を月一二〇万ウォン（約一三万円）で借り、メイド二人と運転手一人を雇った。家が広くて掃除が大変だし、人件費が安いので、メイドや運転手を雇うのはフィリピンでは普通のことだった。家事はメイドに任せて、ジョンスクさんたちは、昼間はゴルフに行ったり、ショッピングをしたりして過ごした。

経済的に余裕があれば子どもをフィリピンに残してくるつもりだったが、ホームステイの滞在費がかかるので一年で帰国した。ジョンスクさん夫妻は、娘が短期間で英語を習得できたことに満足している。ジョンスクさんはまもなく復職し、働いてお金を貯めて、一二月からまた娘をフィリピンに留学させる予定だ。余裕があれば、カナダなどにも留学させたいと思っている。夫も一人娘の教育にお金をかけることには積極的である。娘は将来、医師になりたいと言っているが、ジョンスクさん夫妻は娘が教師になることを望んでいる。娘の理想の進路は、国際中学校、外国語高校を経て、アメリカの大学に行くことである。

これは、当時、ブームになっていたフィリピンへの早期留学で、同行した母親がどのような生活をしていたのかを知ることのできる事例でもある。また、早期留学後、韓国の国際中学校や外国語高校を経てアメリカの大学をめざそうとしている事例であるところにも特徴がある。

初等学生時の留学経験

初等学生の早期留学は、留学した本人にとって、どのような経験なのだろうか。二〇一二年夏、大学生になった早期留学経験者に話を聴いた。

チェ・ヘジンさんは、二〇〇一年秋、初等学校五年生のときニュージーランドに、さらに二〇〇二年秋、初等学校六年生のときカナダに、それぞれ約一年間、一人で留学した。

ヘジンさんの父親は留学院を経営しており、アメリカやカナダへの留学を扱っていた。小さいときから父親に、留学しておいたほうがいいと言われて育ったが、最初はまったく留学しようという気持ちはなかった。

英語が重要だという父親の考えにしたがって、ヘジンさんは英語幼稚園に二年間通い、その後、一般の幼稚園に移った。初等学校一～二年生のときは英語塾に通った。三年生から学校で英語の授業が始まったが、すでに英語には慣れていた。

初等学校五年生のとき、ニュージーランドのオークランドの小学校に一年間の予定で留学した。先に留学した友人の母親に誘われ、「行っておいたほうがいいかな」と思ったのだった。ヘジンさんは、オークランドで、友人とその姉、友人の祖母、友人の親戚の女性とともに暮らした。友人の祖母は英語がまったくできなかったが、子どもたちの世話をするために同行していた。ヘジンさんは、親と連絡をとるために、携帯電話を持っていた。

オークランドの学校は楽しかった。紙でスカイタワーを作ったり、タイルで魚の絵を作ったりして、遊びながら学んだ。リーディングの授業のときは、床に座って勉強した。運動場が五つもあり、体育の時間が多く、広い芝生でサッカーをした。靴を履かずに、素足で遊ぶのが普通だった。

オークランドに来て三ヵ月後に、英語が学べる環境でホームステイをするため、南アフリカ系住民の家に移った。ホームステイ先は、父親の仕事関係の韓国人エージェントが探してくれた。さらに六ヵ月後には、その韓国人エージェントの家に移った。

二〇〇二年夏、ヘジンさんは、いったん韓国に戻った後、カナダに留学した。当時はニュージーランドよりもカナダのほうが、留学費用が安かったため、カナダに行くことになった。トロント近郊の町で父親の知人の家にホームステイして、小学校に通った。

ホームステイ先が合わなかったため、カナダに来て六ヵ月後に、友人の家に移った。近所に住む二歳年下のカナダ人の女の子にホームステイ先を変えるつもりだと話したところ、その子が自分の両親に頼んでくれた。その家には、二歳年上の女の子もいて、残りの期間は、友人の家族とともに暮らした。

カナダの小学校では、しっかり勉強できた。夏休みには韓国に帰って塾に通い、数学の勉強をした。休み中に勉強ばかりさせられて大変だったが、そのおかげで中学校ではあまり苦労しなかった。

ヘジンさんは二〇〇三年の冬に帰国し、韓国の初等学校に六年生として通って卒業した後、韓国の中学校に進学した。その後、韓国の高校に進学し、韓国の大学に一般入試で合格した。外国語特別選考は、TOEICの得点が高いことだけでなく（九九〇点中九〇〇点程度）、外国語弁論大会での受賞歴なども必要だったため、受けられなかった。
大学生になったヘジンさんに「留学して得したことは？」とたずねると、「やっぱり英語を勉強するには楽」と答えた。ホームステイの経験も役に立っているという。留学した経験を大切に思っているので、留学して損をしたと思うことはあまりない。将来は外国語を活かせる仕事に就きたいと考えている。

ヘジンさんの話を聴いて、彼女のたくましさに驚いた。小学校高学年の女の子が一人で、何度もホームステイ先を変えながらニュージーランドとカナダで生き抜いてきたのである。留学の効果よりも、留学した経験それ自体が彼女にとって大切なものなのだということを感じさせられたインタビューだった。

第4章では、早期留学経験者へのインタビューをもとに、いくつかの特徴的な早期留学の事例を紹介した。早期留学生とその親たちが早期留学に求めたものは、子どもの適性・能力・興味関心に合った子どもの能力を伸ばしてくれる教育、国際競争力のある教育、激しい競争のない教育環境、広い視野、あるいは、成功への別のルート、将来の仕事に必要な能力や人脈、とくに初等学生の場合には、英語の習得や英語を学ぶ動機づけ、などであった。親たちは、グローバル化時代を生きる子どもたちの人生をより良いものにしようと、それぞれに模索していた。

注

1　二〇一二年以降のインタビューについては、インタビュー対象者の許可を得て、録音している。

2　現在の学校に在籍したまま、海外の学校に一定期間（一年間ほど）留学する形の留学形式。高校生の場合は、ボランティア組織である交換留学団体が選考を経て参加者を決定し、異文化体験や国際交流を目的に、ホームステイをして地域の公立高校に通うのが一般的である。私費留学より安く留学することが可能である。

3　注2参照。大学生の場合は、在学中の大学が協定を結んでいる海外の大学への留学である。

4　もちろん、子どもを早期留学させる教師もいる。首都圏でのインタビュー中、初等学校一年生の担任をしていた女性教員が、自分の子どもの早期留学に同行するため夏休みから一年間休職したところ、「無責任だ」と保護者から批判を受けたという話を聞いた。一般論では早期留学に反対だが、自分の子どもは行かせようとする場合もある。

第5章　早期留学と家族問題

第5章では、早期留学にともなう家族問題の象徴とされるキロギ・アッパに焦点を当てる。まず、韓国社会においてキロギ・アッパが深刻な社会問題となっていく過程とアジア諸地域における早期留学と家族の状況についてみる。続いて、キロギ・アッパへのインタビューを通して、キロギ・アッパになるという経験についてみていく。

1　社会問題になったキロギ・アッパ

「キロギ・アッパ」の登場

「キロギ・アッパ（雁のパパ）」とは、子どもを外国で学ばせるため妻子を外国に住まわせ、自らは韓国に残って働き家族の生計を支える父親たちを指す言葉である。子どものために懸命に働き、海を越えて家族に会いに行く姿が、渡り鳥の雁を想起させることから、このように呼ばれるようになったと言われている。「キロギ・アッパ」という言葉は二〇〇一年からマスコミで使用され始め、キロギ・アッパが存在するような形態をとる家族は「キロギ家族（雁の家族）」、キロギ・アッパの妻は「キロギ・オンマ（雁のママ）」と呼ばれるようになった。

韓国における早期留学隆盛の要因について検討した石川裕之は、キロギ・アッパを生み出している重要な背景として、教育に関する性別役割分業意識の強さをあげている。韓国の家族においては、子どもの教育に関する役割と責任の大部分を母親が担っており、「父親不在」の教育という状況が恒常化している。韓国の家族には、教育のための移動・別居に対する抵抗のなさが元来存在しているが、教育に関する性別役割分業意識が強いことで、親子の別居のみならず、夫婦の別居に対する夫婦間の合意がしやすくなり、キロギ・アッパを生み出しやすくしていると考えられるのである（石川 二〇一四：二六五―二六六）。キロギ家族においては、一家の大黒柱となる稼ぎ手である父親と、家庭内および子どもの教育のマネージメントの担い手である母親という韓国から持ち込まれた性別役割分業が固守されている（Finch and Kim 2012: 502）。

早期留学にともなう家族別居問題は、早期留学がソウル市江南地域の富裕層の子どもたちの「逃避性留学」とみなされていた一九九五年頃から、マスコミで言及されるようになった。中央日報は、一九九五年五月に「早期留学と『独りぼっちの父親』」と題する記者コラムを掲載し、「増える早期留学が、韓国社会の家庭風俗図を変えている」と報じた。子どもたちはみな外国に発ち、二人暮らしをする四〇代前半の夫婦や、留学した子どもたちと夫の間を忙しく往復する妻のために、思いがけぬ一人暮らしをする父親たちも珍しくなくなっているという。このような状況に対し、記者は「早期留学と家族関係」について社会的な議論を始める必要性を主張している（中央日報一九九五年五月二五日）。一九九六年六月の雑誌『ニュースプラス』は、早期留学が増えるなか、子どもたちは外国に行き、両親は韓国に残る家庭が珍しくなくなっているばかりでなく、留学する年齢が高校生から中学生へと低年齢化するにつれて、母親が子どもの留学に同行するケースが増えており、早期留学による「離散家族」が増えていると報じている（『ニュースプラス』一九九六年六月六日号：四四―四五）。

早期留学全面自由化が予告された後の二〇〇〇年三月一日の京郷新聞の記事では、早期留学のため妻子を外国に行かせ、韓国に独り残った父親たちを「ハン総連（韓国の一時的独身男性連合）」会員と呼び、その生活実態などを紹介している。記者の周辺に急増している「ハン総連」会員たちは、ほとんどが留学費用に充てるために住んでいた家を売ったり貸したりし、自らはオフィステル[1]などに住んでいるという。また、食事はインスタント食品や外食で間に合わせ、洗濯は一週間分まとめてしているという。そして、「家がとてもガランとしており、子どもたちの顔がちらついて、毎日酒を飲まないと寝つけない」「私も教育者だが、韓国の教育状況のために無理をしてでも子どもたちを留学させるしかない」と言う父親たちの声を紹介して、哀れな「ハン総連」たちを救済するには、韓国の教育制度を変える必要があると主張している（京郷新聞二〇〇〇年三月一日）。

同年五月の朝鮮日報の記事でも、早期留学のため妻子を外国に行かせた父親たちの辛い生活実態と心の内が紹介され、富裕層だけでなく一部の中間層でも「独りぼっちの父親」が増えていると指摘された。取材対象となった父親たちは、「過激だと思われたくない」「お金があるという誤解を受けたくない」と、実名の掲載を拒否したという（朝鮮日報二〇〇〇年五月九日）。

このように、子どもの早期留学のために独り暮らしをする父親たちの増加は否定的に報道され、「早期留学現象はまさしく一種の家族破壊を呼び起こしている」と表現されることもあるほどであった（文化日報二〇〇一年八月九日）。

「独りぼっちの父親」「ハン総連」などと呼ばれていた独り暮らしの父親たちが「キロギ・アッパ」と呼ばれるようになったのは、二〇〇一年以降のことである。二〇〇一年一一月には「家族をニュージーランドに行かせた新キロギ・アッパの冬」と題する、妻と三人の子どもをニュージーランドに行かせた、あるキロギ・アッパの日常を紹介する記事が掲載された。キロギ・アッパのためのインターネット・サイトも登場した（中央日報二〇〇一年一一月三〇日）。

二〇〇二年三月には、キロギ・アッパが突然亡くなる事件が相次いでいると報道された。それは、多くのキロギ・アッパが過労や、独り暮らしの寂しさを紛らわすための酒の飲み過ぎや、不摂生な生活に陥っているためだという（ソウル新聞二〇〇二年三月二日）。

キロギ・アッパは、二〇〇〇年頃までは大企業の役員や大学教員・弁護士・医師などの海外在住経験がある人や専門職の人々が多いといわれていたが、二〇〇二年頃には企業の部長・課長級にもみられるようになり、より広い職種や階層の人々に広がっていった（中央日報二〇〇二年九月一六日、京郷新聞二〇〇二年一一月一一日）。ソウルの江南地域では、会員になると、運営者の家に集まって一緒に食事をとったり、洗濯物や掃除を頼んだりすることのできる「キロギ・アッパ部屋」が急速に増えた（世界日報二〇〇二年七月一六日）。キロギ・アッパたちが暮らすオフィステルが集まっている地域では、「キロギ産業」といわれるほど、食堂、クリーニング、家事代行などの事業がさかんになった（中央日報二〇〇二年九月一六日）。

二〇〇三年には、「『キロギ・アッパ』という言葉はすでに日常用語になってしまった」（国民日報二〇〇三年八月八日）といわれるほど、韓国社会に定着した。

キロギ・アッパ問題の深刻化

早期留学ブームが過熱し、キロギ・アッパが増えるなか、キロギ・アッパの孤独死や自殺は早期留学に起因する悲劇として繰り返し報じられた。その多くは、過労や孤独による健康状態の悪化、長期の別居や不倫などによる夫婦関係の破綻、経営する事業の悪化やさらなる教育費の必要による経済的困窮が複合して起こったものとされた（表5-1）。キロギ・アッパの死亡事件が起こるたび、これを憂慮する世論が沸騰し、早期留学を引き起こしている教育問題の解決と、早期留学にともなう家族問題の重大さをより深刻に認識する必要性が主張された（京郷新聞二〇〇五年一〇月二二日、京郷新聞二〇〇五年一〇月二四日など）。

キロギ・アッパの存在は、外国のメディアでも取り上げられた。二〇〇五年一月には、アメリカのワシントン・ポスト紙が「苦しい選択（A Wrenching Choice）」という見出しのもと、韓国の「キロギ（kirogi）」家族の実態を三面にわたって大々的に報道した（The Washington Post 二〇〇五年一月九日）。そして、このことが、韓国のテレビや新聞各紙で報じられた（中央日報二〇〇五年一月一一日など）。

キロギ・アッパが社会現象となり、さかんにメディアに取り上げられるなかで、彼らに対する固定的で否定的なイメージが形成されていった。経済・家族・健康問題の末の自殺や孤独死というイメージはもちろん、金銭的困難から部下にご馳走しないだけでなく自分の食事代さえ他の人に払ってもらおうとし、家で迎えてくれる家族がいないため部下まで一緒に遅くまで働かせる「最も人気のない上司」とされたり（東亜日報二〇〇三年九月一〇日）、家族が集まる秋夕の期間を一

表 5-1　キロギ・アッパの死亡記事

掲載年月日	新聞紙名	自殺／孤独死	見出し	同一事件の報道
2003 年 3 月 27 日	京郷新聞	孤独死	キロギ・アッパ「寂しい死」妻と息子 2 人はアメリカ生活、40 代教授の遺体発見	他 1 紙
2003 年 7 月 5 日	京郷新聞	自殺	不倫・離婚・経営難……自殺「キロギ・アッパ」の悲劇	他 3 紙
2003 年 10 月 29 日	東亜日報	孤独死	「キロギ・アッパ」孤独死　家族はカナダに　持病で死亡	他 6 紙
2004 年 4 月 14 日	韓国日報	自殺	「キロギ・アッパ」またもや切ない自殺　中堅銀行幹部家庭解体に	
2004 年 11 月 27 日	ハンギョレ	自殺	40 代「キロギ・アッパ」父親の墓で自殺	
2005 年 3 月 2 日	文化日報	自殺	「切ない死……」 50 代「キロギ・アッパ」自殺	他 1 紙
2005 年 10 月 20 日	朝鮮日報	孤独死	10 坪のワンルームマンションで死亡 5 日後に発見　キロギ・アッパの寂しい死	他 8 紙
2007 年 8 月 15 日	世界日報	自殺	寂しさに疲れて……　50 代「キロギ・アッパ」自殺	
2010 年 5 月 10 日	京郷新聞	自殺	ニュージーランドで自殺した妻・娘二人の葬式の前に　「キロギ・アッパ」現地で遺体で発見	他 3 紙
2010 年 8 月 28 日	世界日報	自殺	「家族に会いたい」 40 代「キロギ・アッパ」首つり自殺	
2012 年 6 月 22 日	世界日報	孤独死	「キロギ・アッパ」の寂しい死、亡くなってひと月後に……	
2013 年 3 月 6 日	朝鮮日報	自殺	キロギ・アッパ 10 年……命を絶った歯科医師	他 3 紙
2013 年 11 月 11 日	ハンギョレ	自殺	「体、心、すべて失い」世を去ったキロギ・アッパ	他 4 紙

注：総合日刊新聞 12 紙（図 1-7 に同じ）より、見出しに「キロギ・アッパ」または「キロギ家族」を含む記事を対象に作成。事故死を除く。

人で登山をして寂しく過ごす人とされたりした（ソウル新聞二〇〇三年九月一〇日）。父親が「金を稼ぐ機械」に転落したという表現は、キロギ・アッパがまだ「独りぼっちの父親」と呼ばれていた時期からみられたが（朝鮮日報二〇〇〇年五月九日）、その後もキロギ・アッパの境遇に対する定型的表現として使用され続けた（京郷新聞二〇〇三年一一月五日、世界日報二〇〇五年三月一五日など）。

二〇〇三年には、キロギ・アッパとして生活した末、妻子に捨てられる不幸な父親を指す「ペンギン・アッパ（ペンギンのパパ）」という表現が登場した（京郷新聞二〇〇三年一〇月二八日など）。二〇〇五年には、経済的余裕があっていつでも家族に会いに行ける「トクスリ・アッパ（鷲のパパ）」、時々会いに行く「キロギ・アッパ（雁のパパ）」、経済的に余裕がなく家族と会えないまま過ごす「ペンギン・アッパ（ペンギンのパパ）」というキロギ・アッパの三類型が登場して、流行語となった[2]。

三七頁の図1-7に示したように、見出しに「キロギ・アッパ」の語を含む新聞記事の件数がもっとも多かったのは二〇〇五年であった。キロギ・アッパが大きな社会的関心を集め、これに対する批判が最高潮に達したのは、二〇〇五年頃であったとみることができる。

二〇〇六年になると、キロギ・アッパたち自身が組織をつくって否定的イメージや社会的偏見に立ち向かい、助け合っていこうとする動きが起こった。社団法人ハイファミリーが推進する「キロギ・サポーターズ」は、キロギ家族に対する肯定的なイメージをつくるとともに各自の経験を共有し活かすことを目的とし、独居老人への社会奉仕活動、「キロギ家族博覧会」の企画、アルコール疾患専門病院との共同によるキロギ・アッパの飲酒習慣調査などの活動をおこなった（中央日報二〇〇六年五月三日、国民日報二〇〇六年五月一九日、世界日報二〇〇七年八月七日など）。

教育学者のイ・ドゥヒュは、二〇〇八年に発表した論文のなかで、キロギ家族は現実社会のなかよりも、サイバー空間において活発に組織されていると指摘している。インターネット上には三〇を超えるキロギ家族の集まりやカフェが存在しており、なかには三千人を超える会員が加入している集まりもあるという。このようなインターネット上のコミュニティを通して、キロギ家族は互いに情報を交換したり、思いを共有したりしている（イ・ドゥヒュ 二〇〇八：一二二）。

キロギ・アッパは韓国国内だけでなく、海外でも増えていた。海外勤務のために家族とともに赴任したものの、赴任先に英語を学べる環境が備わっていないと判断される場合、自分だけが海外の勤務地に住み、他の家族は子どもの英語教育のために別の国に行かせる「海外滞在キロギ・アッパ」も増加していた（韓国日報二〇〇七年一月二〇日）。

アジア諸地域の早期留学と家族

早期留学とそれにともなう国境を越えた家族の別居の増加は、韓国にのみ、みられる現象ではない。台湾や香港、中国（大陸）でも、英語圏の国で親の同伴なしに学ぶ子どもや、子どもの教育のために母子が英語圏に移り住む現象がみられる。

ツォンとリュウ（Tsong and Liu 2009）によると、初等および中等教育を受けるため、アメリカなどに親の同伴なしに移り住んでいる未成年の外国人留学生は、アメリカでは「パラシュート・キッズ（parachute kids）」と呼ばれている。パラシュート・キッズとは、パラシュートで空から投下するように、外国に投げ出された子どもたち、という意味で、外国の学校に通う間、親によるケアが不足していることへの批判が含まれている。彼らは、一人暮らしをしたり、親戚や家族の友人、報酬を支払って依頼した世話人などと暮らしている。小学生もいるが、一三歳から一七歳の子どもがほとんどである。台湾から来た子どもがもっとも多く、韓国、香港、中国がこれに続く。数は少ないが、インドネシア、マレーシア、フィリピンから来る子どももいる（Tsong and Liu 2009: 365-366）。

親のうちの一人（通常は母親）が留学する子どもとともに外国に移り住み、もう一人（通常は父親）が母国に残って働く家族は、アメリカでは「アストロノート・ファミリー（astronaut family 宇宙飛行士の家族)」と呼ばれる。また、このような形態の家族の子どもは「サテライト・チルドレン (satellite children)」とか「サテライト・キッズ (satellite kids 衛星の子どもたち)」と呼ばれ、母国に残っている親は「アストロノート (astronaut 宇宙飛行士)」と呼ばれる。宇宙飛行士という呼び方は、中国語の「滞空人」から派生したものである (Tsong and Liu 2009: 366)。

一九八〇年代からみられるようになったパラシュート・キッズは、台湾から来た子どもたちがもっとも目立ち、台湾とアメリカの双方でメディアの注目を集めた。そして、一九九一年以降は、政治的不安の高まりから、台湾と香港からのパラシュート・キッズが顕著に増加した (Tsong and Liu 2009: 366-367)。台湾および香港からの早期留学は、韓国よりも早い時期から広がっていたといえる。

キム・ジフン (二〇一四) は、台湾、香港などの早期留学家族と、韓国のいわゆる「キロギ家族」とは、異なる傾向をみせてきたと指摘している。台湾や香港の早期留学は、ほとんどの場合、「長期移住型」であり、留学期間、滞在するさいの身分、移住のプロセスなどを長期的に考慮・計画して行われる。留学を決定する時点から、少なくとも初等または中等教育課程の修了まで、あるいは大学教育課程の修了までの留学期間が考慮される。また、留学先の国の永住権獲得や住宅購入などの「移民」の要素を併せ持ち、留学先の国での永住的な滞在はもちろん、子どもの大学教育終了後の本国や第三国への再移住も考慮・計画される。これに対し、韓国の早期留学は「長期移住型」と、一〜二年程度の比較的短い留学を予定して出国し、初等または中等教育課程の一部を海外で履修して帰国し、その後、韓国の中等教育課程での学業や大学進学において優位に立つことを目標にする「短期移住型」が混合している（キム・ジフン 二〇一四：二〇八―二〇九）。

シンガポールでは「スタディ・マザーズ（study mothers）」または「陪读妈妈（péidú māmā）」と呼ばれる、夫を残して子どもの留学に付き添い、シンガポールにやってくる中国（大陸）の母親たちがみられる。一九九七年に始まり、二〇〇〇年頃から増え始め、二〇〇二年にピークを迎えたとされている（Huang and Yeoh 2005: 380, 387）。ジョ・ウンは、入試中心の教育、高い私教育費、外国語の習得などを理由とし、国内でかかる教育費を考えれば留学させたほうがよく、同じ時間と精力を注ぐなら外国語のひとつでもできるようになって西洋の学校を卒業すれば前途が有望だと考えて、銀行から借金をしてでも子どもを留学させようとする中国の親たちが置かれている教育状況には、韓国と共通する部分があることを指摘し、「英語圏の教育体系への移動とグローバル化時代の社会移動に対する熱望は、韓国だけの問題ではない」と述べている（ジョ・ウン 二〇〇三：四二）。

日本からも、会社経営者やエリートホワイトカラー労働者の家庭など、比較的富裕な層によるハワイへの母子移住がみられる。五十嵐洋己は、母子がハワイで暮らす日本人の国境を越えた家族の別居は、子どもたちの将来の教育的職業的成功のために家族が「犠牲」になる「教育移住(education migration)」型というよりは、より良い生活のあり方を求める「ライフスタイル移住(lifestyle migration)」であり、子どもたちの幸福と西洋の教育を通したグローバルな文化資本の追求に加え、母親たちにとっての国内の社会的制約からの自由の追求という側面も併せ持っているとしている(Igarashi 2015: 104-106, 112-113)。

2　キロギ・アッパになった韓国の父親たち

早期留学にともなう家族形態の選択

韓国に国境を越えた家族の別居はどのくらい存在するのだろうか。韓国の統計庁による「社会調査」の結果によると、韓国の全世帯のうち仕事や学業などのため別居している家族員がいる世帯は、二〇〇六年度で二一・二%、二〇一四年度で一八・七%である。これに、別居している家族員が国外にいる割合(二〇〇六年度八・三%、二〇一四年度一一・〇%)を掛け合わせると、国外に居住している家族員がいる世帯の割合は、二〇〇六年度で一・八%、二〇一四年度で二・一%になる。すなわち五〇世帯に一世帯くらいの割合で、家族員の一部が国外に住んでいる世帯があるという計算になる。早期留学にともなう国境を越えた家族の別居も、これに含まれている。

序章と第4章で示した事例にみられるように、子どもを早期留学させるにあたって選択される家族形態は、母親が子どもの留学に同行し、父親がキロギ・アッパになるキロギ家族とは限らない。子どもを寄宿舎に入れたり、外国に住む親戚宅に預けたり、現地の家庭にホームステイさせたりして、子どもだけを外国に住まわせる形態がとられることもあるし、父親・祖母・伯母など母親以外の者が子どもに同行する場合や、家族ぐるみで移住する場合もある。また、ある時点でキロギ家族の形態が選択されたとしても、その後、変更される場合もある。

子どもの早期留学にあたり、キロギ家族の形態はどの程度選択されているのだろうか。私が二〇〇六年におこなったインタビューの調査対象となった二五家族、三七人の留学生についてみると、キロギ家族の形態をとった経験があるのは、九家族、一七人で、家族数では全体の三六%、留学生数では四六%にあたる。事例数が少なく、偏っている可能性もあるが、少なくとも、子どもを早期留学させていてもキロギ家族を経験していない家族も多くあること、子どもを早期留学させるにあたっては圧倒的多数がキロギ家族を選択しているわけではないことがうかがわれる。二〇〇一年から二〇〇四年にかけて、アメリカのカリフォルニア州のある都市でキロギ家族の調査をおこなった社会学者のジョ・ウンは、キロギ家族実現の条件として、①「お金のあるパパ」と「英語のできるママ」、②子ども中心の夫婦、の二つをあげた（ジョ・ウン 二〇〇四：一五九―一六二）。留学を成功させるためには母親が同伴したほうが良いといわれているが、このような条件が揃わなければ、キロギ家族の実現は難しいのである。

父親の海外赴任は、キロギ家族形成のおもな契機のひとつになっている。キロギ家族を経験した九家族のうち五家族は、父親の海外赴任を契機にキロギ家族になっていた。いずれも、父親のアメリカ赴任にともない家族でアメリカに行って生活し、赴任期間終了後、母子を残して父親のみが帰国した。また、父親の兄のアメリカ赴任を契機にキロギ家族になった家族も一事例あった。

将来的に家族ぐるみの移住が計画されている場合もあるが、子どもの早期留学のためのキロギ家族は、多くの場合、永続的なものではなく、子どもの教育上の必要がなくなった時点で解消する見通しをもって開始される。中・高校生の子どもを外国の大学に入学させることを当面の目標として留学が開始された場合には、少なくとも子どもが大学に入学するまでの期間、キロギ家族の形態が維持され、子どもの教育を終えると母親が帰国してキロギ家族が解消される傾向がある。幼い子どもに英語を習得させることを当面の目標として留学が開始された場合には、子どもが初等学生のころに一～二年間、キロギ家族になる傾向がある。

以下では、二〇〇六年に実施したインタビュー調査をもとに、キロギ・アッパという経験について当事者の立場から記述していく。個々のキロギ・アッパは、どのようないきさつでキロギ・アッパになり、どのようにキロギ・アッパの期間を過ごし、どのようにしてキロギ・アッパを終えるのだろうか。

初期のキロギ・アッパ

最初に紹介するのは、韓国社会に「キロギ・アッパ」という言葉が広まる前からキロギ・アッパとして生活を続けている、自称「草創期のキロギ・アッパ」の事例である。専門職の父親が、海外赴任期間終了後に妻子を残して帰国することによりキロギ・アッパになるという、早期留学ブームの初期からよくみられるキロギ家族の形成過程が含まれている。

科学技術系の研究員であるチェ・ヨンチョル氏は、一九九八年からキロギ・アッパの生活を八年以上も続けていた。キロギ家族となった当時、高校一年生と中学三年生だった息子たちはすでに大学を卒業し、長男は社会人に、次男は大学院生になっていた。

ヨンチョル氏は、一九九六年春から二年間の予定で、妻と中学二年生、一年生になる息子たちをともなってアメリカ東部の研究所に赴任した。一九八八年の単身赴任（一年間）、一九九〇年の家族での赴任（一年間）に続く、三度目の赴任だった。赴任期間終了後、息子たちをアメリカに残してくる考えはなかった。

しかし、帰国を前に、妻は息子たちとともにアメリカに残ると主張した。当時の韓国は経済危機の最中にあり、ウォンの対ドル為替レートが二倍以上に跳ね上がっていたため、ヨンチョル氏は、留学にともなう経済的負担を心配した。けれども妻は、韓国で留学ブームが起こっている今、自分たちがアメリカにいるのはチャンスだと考えた。そして、経済的に負担にはなるが、長期的にみれば、子どもたちをアメリカで勉強させたほうが得るものが多いと主張した。子どもたちはアメリカに残りたがっていたが、ヨンチョル氏が家族全員で帰国するのだと強く言えば従うつもりでいた。妻子をアメリカに残していくかどうかで三ヵ月ほど悩んだが、帰国二週間前になってようやく、妻の意見に従うことに決めた。赴任期間が終了すると、ヨンチョル氏は一人で帰国した。翌年、妻が職を得て、妻子はより生活費の安い西海岸の都市に移った。

帰国後、ヨンチョル氏は、ずっと一人で暮らしている。親や親戚はみな遠方に住んでいるため、週末は、ほとんどの時間を教会のコミュニティで過ごしている。このコミュニティが一人暮らしの大きな助けになっている。スポーツや趣味の活動は、何もしていない。子どもの教育費を確保するため、お金のかかることはまったくしないそうだ。ヨンチョル氏は言う。「私たちは、親たちが自分たちのために犠牲的な生き方をするのを見て成長しました。親が私のために犠牲を払うのを見てきたから、私がちゃんと育ったのです。だからそれが身についていて、子どもたちのために使うものについて計算ができません。月給をもらったら、まず使うのは子どもの教育のため。そうしなければ、子どもたちに対し罪を犯したような気持ちになります。私たちのこのような姿を外国人は一％も理解できず、親しい友人たちは It's so mad（狂っている）と言います。私たちも狂った振る舞いだということはわかっていますが、わかっていながらもそうしているのです」。

キロギ家族として生活を始めるにあたって、ヨンチョル氏がもっとも心配したのは経済的な問題だった。しかし、実際には、予想外の困難が多かった。息子たちが思春期に入ると、妻と息子たちとの関係が難しくなった。妻は教会で働いており、道徳的に厳格だった。それに対し、アメリカ社会は開放的なため、息子たちは「閉じ込められている」と感じ、不満をあらわにした。ヨンチョル氏は毎日、Eメールで息子たちと対話することにより、この状況を乗り切った。思春期を過ぎた後も、息子たちとは毎日、メールをやりとりしている。

ヨンチョル氏は時間さえあればアメリカに行き、妻もまた韓国に来るようにしている。「お金はかかるが、家族を守るため」だ。妻は年に四〜五ヵ月間、韓国に滞在しており、ヨンチョル氏は、年に四回くらい、一週間ずつ、アメリカに行く。息子たちも長期休暇のたびに韓国に来る。

周囲には、子どもをアメリカに留学させて成功したヨンチョル氏をうらやましがる人が多い。しかし彼は、人生のもっとも重要な時期を家族と離れて過ごすのは誤ったことだと思うようになった。彼は言う。「私は草創期のキロギ・アッパとして、子どもたちを留学させようとする人々を引き止めたい。子どもたちを留学させると、家庭的な痛み、子どもたちが経験することになる痛みなどが、あまりに大きいのです」。「早期留学は、一度はまると抜け出せない沼のようです。いったん留学させたら、途中でやめられません。もちろん成功事例もありますが、家族が壊れる場合も多く、子どもたちも多くの困難を経験します」。ヨンチョル氏がキロギ・アッパとなってもっとも辛かったことは、家族関係を維持する困難であった。

ヨンチョル氏の妻子は二〇〇六年のインタビュー当時もアメリカに住んでいた。長男は大学を卒業して銀行に勤めており、次男は大学院に通っていた。息子たちは、外国人のように、ほとんど「韓国人ではないみたい」に育った。妻は、教会の仕事の傍ら、パートタイムで別の仕事もしていた。妻と息子たちはアメリカ永住権を取得したが、将来的には帰国する見通しであった。妻は息子たちの教育がほとんど終わったので、先に帰国しようとしていた。長男は韓国に戻って事業をしようと考えているため、韓国での兵役の問題を検討中であった。

ヨンチョル氏は平日の勤務時間終了後、待ち合わせ場所の飲食店に暗い表情で現れ、「インタビューで話すのは嫌だと言ったのですが、イさんがどうしてもとおっしゃったので……」と口を開いた。イさんとは、ヨンチョル氏の同僚で、私がインタビュー対象者の仲介を頼んだ人物から、さらに仲介を依頼された人物である。インタビュー調査に協力するよう、ヨンチョル氏を説得してくださったようだ。

キロギ・アッパのインタビューは、応じてくれる人を探すのが難しい。筆者と同じ二〇〇六年に、インタビュー調査を通してキロギ・アッパの研究をおこなった教育学者のイ・ドゥヒュは、キロギ・アッパに対する「社会的認識」のために、インタビュー対象者の選定が難しかったと述べている（イ・ドゥヒュ 二〇〇八：二八）。実際、キロギ・アッパに対する否定的で固定的なイメージが仕事や生活に悪影響を及ぼすため、自らがキロギ・アッパであることを隠す人も少なくない。イ・ドゥヒュの調査では、インタビューをおこなうための信頼関係を築くのに非常に時間がかかっており、相手が直接会うことを避けようとする場合には、通信機器を用いたオンライン・インタビューがおこなわれている（イ・ドゥヒュ 二〇〇八：二八）。

筆者の場合には、仲介を頼んだ友人・知人たちが、場合によっては、そのまた友人・知人のつてを辿って、インタビューに協力してくれるキロギ・アッパを探してくれた。キロギ・アッパの調査に限ったことではないが、うまくいっている人を探すのは比較的易しいが、そうでない人を探すのは難しい。ある知人は、自分の周囲にいるキロギ・アッパを書き出したリストを示して、「この人は鬱病で通院中。この人は、ちょっと声を掛けられるような状況ではない」などと、協力依頼が難しい人について説明してくれた。彼女の周囲にキロギ・アッパがこんなにたくさんいるのかと驚くと同時に、精神疾患や情緒的に不安定な状態にある人も多いことがわかった。

ヨンチョル氏の場合は、息子がすでにアメリカの大学を卒業しており、周囲からは早期留学の成功例とみなされている。しかし、彼は家族関係の維持に苦労しており、彼にとってキロギ・アッパとしてのこれまでを語るのは辛いことだった。終始沈んだ表情で、静かに語る彼の様子に、胸が詰まりそうになるインタビューだった。

序章で示した男性医師の事例と同様に、ヨンチョル氏の場合も、子どもの留学とキロギ家族の形成を主導したのは妻だった。子どもに「世界的競争力」を身につけさせようと、積極的にキロギ・アッパになることを選び、子どもの早期留学を企画する父親もいるが（たとえば、ジョ・ウン　二〇〇七：九〇―九二）、多くの場合、子どもの留学やキロギ家族になることに関しては、母親のほうが積極的である。「ほとんどの韓国人女性はアメリカに住むのが好きです。韓国よりも自由に暮らすことができ、夫の親などとの複雑な関係からある程度抜け出して、子どもにだけ神経を使うことができるからです」と、その理由を語ったキロギ・アッパもいた。

初等学生の短期留学のはずだったが

次に、初等学生の子どもを妻とともに外国に送り出したキロギ・アッパの事例を紹介する。初等学生の早期留学は、一～二年の比較的短期間の予定で開始されるのが一般的であるが、この事例のように延長される場合もある。

飲食店を経営するキム・ソンス氏は、二〇〇二年二月から四年以上にわたりキロギ・アッパとして生活していた。当初は一年間の予定だったが、初等学校五年生と四年生だった子どもたちが中学三年生と二年生になっても、キロギ家族の終わりが見えない状態だった。

ソンス氏夫妻は、子どものために教育水準の高い「良い学区」に引っ越すほど教育熱心であったが、店の仕事が忙しく、子どもたちの面倒を充分にみることができなかった。このままではいけないと思っていたとき、大学教員であるソンス氏の兄が交換教授としてアメリカ西海岸の大学に行くことになったため、子どもたちを兄の家族とともに行かせることにした。当時、長女は初等学校五年生、長男は四年生だった。子どもたちの英語力を伸ばすため、兄の赴任期間である一年だけ、兄夫婦に子どもを預ける予定だった。

二〇〇二年二月、兄の家族とともに、ソンス氏の家族も、兄の赴任先に行った。ソンス氏夫妻は、子どもたちを兄夫婦にまかせて帰るつもりだった。しかし、現地で一週間生活してみて、そこでの生活には親が必要だと思った。幼い子どもたちを外国に残してくるのは嫌だった。子どもたちは、まだ親が必要な年齢だと思った。スクールバスがないので、親が学校への送迎もしなければならなかった。そこで、妻が子どもたちとともに残ることにし、ソンス氏はキロギ・アッパになった。ソンス氏はキロギ・アッパについてのマスコミ報道を見て、「なんだ、あれは。狂ってる。俺はしないぞ」と思っていた。けれども、子どもたちのためにやろうと思ったと言う。ソンス氏の兄も、アメリカ赴任期間終了後、妻子を残して帰国し、キロギ・アッパになった。

ソンス氏は母親と二人で暮らしているため、心理的な問題はないと言う。週末が忙しい仕事であることも、心理的辛さの軽減につながっている。聖堂（カトリックの教会）に通っており、聖堂の仲間とマラソンをしている。煙草は吸わないし、酒は酔うほどは飲まない。「自分も、聖堂に通っていなければ、信じるものがなければ、辛いと思う」と言う。キロギ・アッパが集まってすることは、どうせ酒を飲むことだから、キロギ・アッパの集まりに行くより、聖堂で祈祷したほうが良いと思っている。

私立学校はお金がかかるので、子どもたちは公立学校に行っている。妻は初め、観光ビザで入国したが、現地で大学に登録して、留学ビザに切り替えた。妻子は外食もせず節約して生活しているが、アメリカでの生活費は月六〇〇～七〇〇万ウォン（約七三～八五万円）かかっている。子どもたちの学費のために、所有していたマンションを売却した。

初めの一年間はすごく辛かったが、一年だけだと思っていたから我慢できた。初めから何年も、ということだったら耐えられなかっただろう。「今は、『もっとやれ』と言われたら、できる」とソンス氏は言う。「私たちが子どものために自分を犠牲にしているように、母も私たちのために自分を犠牲にしてきました。つながっています。周り（母親や親戚）からも『家族のためにお前が耐えろ』と言われています」。

アメリカにいる家族とはおもに電話で連絡をとっており、妻とは毎日、子どもたちとは週一～二回話す。妻とは、韓国にいるときより、よく話すようになったし、互いに手紙も書くようになった。しかし、子どもたちとは共通の話題が乏しく、いつも同じ話をすることになる。ソンス氏が子どもたちに言うことは「運動しろ」「毎日、肉を食べるな」、ソンス氏の母親（子どもたちの祖母）は「辛いでしょ」「しっかり勉強しなさい」ばかりだ。

ソンス氏は、家族と年に四回くらい会う。そのときの気持ちは、兵役中に休暇が出て、家族に会いに行ったときと似ているという。「楽しいときは、あと何日」とカウントダウンしながら過ごすのだそうだ。キロギ・アッパの良い点は、家族の大切さがよくわかることだと言う。

ソンス氏は、キロギ・アッパは愚かな選択だと考えている。他の人がキロギ・アッパをやると言ったら、反対すると言う。「家族はいっしょに住まなくちゃ。子どもが親から学べることは、一つや二つではありません。子どもに、父親の記憶がない状態になってしまいます」。子どもたちにかかるストレスについても、問題を感じている。親が大きな投資をしているので、子どもたちは遊んでいるわけにはいかない。

子どもたちの留学は、当初、一年だけの予定だったが、「欲が出て」延長されることになった。子どもたちの英語が期待したほどうまくならなかったからだ。その後、アメリカ南部に移り、子どもたちは英語も上達し、困難なく学校生活を送っていた。「今までたくさん投資してきたので、ここでやめる気がしません。これまでたくさん苦労したのに、ここでやめては意味がありません。親がもう少し苦労すればいいことです」とソンス氏は言う。

キロギ家族になって四年以上が経ち、子どもたちは中学三年生と二年生になった。子どもたちだけで留学させて、妻は帰国する方法もあるが、周りの留学生たちを見ると、親が保護していないと留学はうまくいかない。自分は犠牲になるが、母親が子どもといっしょにいたほうが良いと、ソンス氏は考えている。子どもがアメリカの大学に行くと言ったら、反対するつもりはない。子どもたちに韓国的なところがなくなってしまったら、もう一度、韓国で暮らすのは難しいのではないかとも思っている。しかし本心では、韓国に戻ってきてほしい、いずれは韓国のために何らかの役割を果たしてほしいと思っている。

先に紹介したヨンチョル氏のインタビューでも、ここで紹介したソンス氏のインタビューでも、印象的だったのは、親が子どものために自分の人生を「犠牲にする」という表現である。ヨンチョル氏は、親が自分たち子どものために犠牲的な生き方をするのを見て成長したために、自分にも、そのような親としての態度が身についていると語った。ソンス氏もまた、自分たちが子どものために自分を犠牲にしているように、母親も自分たちのために自分を犠牲にしてきており、周りからも「家族のためにお前が耐えろ」と言われているという。子どものために親が自らを犠牲にしたり、困難を引き受けたりするのは、「つながっている」ことなのである。

彼らに限らず、早期留学生の親へのインタビューでは、しばしば「犠牲にする」という表現が聞かれた。韓国では親孝行が重視されるが、その前提として、親が子どものために、計り知れない犠牲を払っているという認識があるのではないだろうか。彼らの発言から、親とは「与える」

存在なのだということを強く印象づけられる。

また、ヨンチョル氏の「早期留学は一度はまると抜け出せない沼のよう」、ソンス氏の「今までたくさん投資してきたので、ここでやめる気がしない」という言葉も印象深い。払った犠牲が大きいだけに、この投資を失敗で終わらせるわけにはいかないのだ。

ソンス氏は子どもの学費を捻出するために所有していたマンションを売却し、母親とともに生活しているが、このような方法をとるキロギ・アッパも少なくない。マンションを売ったり人に貸したりすれば教育資金を捻出できるし、母親とともに暮らせば、家賃が節約できるうえ、炊事、洗濯、掃除などの家事もしてもらえるし、一人暮らしの孤独を感じることもない。母親も息子と生活することができるし、外国にいる妻も安心できる。

ハッピーで生産的だった

キロギ・アッパとしての生活経験は辛いものとして語られることが多いが、そうでない事例もある。家族と離れて過ごした期間を「ハッピーで生産的だった」と振り返る人もいた。

大学教員のイ・ジョンシク氏は、二〇〇二年秋から二〇〇六年夏までの四年間をキロギ・アッパとして過ごした。キロギ家族になったとき、高校二年生だった長男はアメリカで大学生になり、初等学校五年生だった次男は妻とともに帰国してインターナショナルスクールに入ることになり、キロギ家族は解消された。

ジョンシク氏は、二〇〇一年秋から一年間、在外研究のためアメリカに行くことになった。当時、長男は高校一年生、次男は初等学校四年生だった。長男は、在外研究期間終了後、また韓国に戻ってくるのであれば初めからアメリカに行かない、アメリカで続けて勉強ができるようにしてくれるのであれば行く、と主張した。妻は息子たちにアメリカで勉強を続けさせたがっていた。ジョンシク氏は家族といっしょにアメリカに行きたかったので、在外研究期間終了後も息子たちをアメリカで勉強させることにし、妻はアメリカで就業することになった。彼には、家族といっしょに帰国したいという思いもあったが、息子たちにアメリカで勉強を続けさせたいという気持ちもあった。

家族とともにアメリカ西海岸の都市に赴き、一年間、生活した。在外研究の期間が終了すると、ジョンシク氏は帰国し、妻子は残った。妻は韓国にいたときから教会で働いていたが、アメリカでも教会で働くことになった。

ジョンシク氏は、帰国後、一人で暮らした。親や親戚はみな遠くに住んでいた。彼はキロギ・アッパの期間を楽しく過ごした。とても楽しく過ごしたので、「妻が寂しがるほど」だった。昼間は働き、夜は大学で神学を勉強した。社会福祉活動や教会の活動にも積極的に参加した。酒は飲まない、煙草も吸わない、ゴルフもしない。趣味は「研究すること」。他のキロギ・アッパたちはストレスがひどいというが、ジョンシク氏はそうではなかった。夜一二時に寝て、朝五時に起きる生活をしていたので、あれこれ考える余裕がなかった。四〇代後半は社会的役割が多く、とても忙しい時期だ。むしろ、その時期に家族から離れて、とても生産的な時間を送ることができた。「ハッピーで生産的だった。妻は大変だったようだけど」と、彼はキロギ・アッパの期間を振り返った。

いっぽう妻は思春期の息子二人を連れていたので苦労した。親が二人いても思春期の子どもの対応は大変だ。「子どもの立場からみれば、自分は父親の役割が果たせなかった」とジョンシク氏は自らを評価した。

妻が一人で思春期の息子に対応するのは難しいので、二〇〇六年夏、妻と次男が帰国し、ジョンシク氏のキロギ・アッパとしての生活は終了した。妻と息子たちは、すでにアメリカ永住権を取得している。次男はインターナショナルスクールに入学することになった。次男が入る学校には、外国人よりもアメリカ市民権を持つ韓国人生徒のほうが多いという。長男は大学生になったので、アメリカで独立した生活をすることが可能になった。

ジョンシク氏夫妻は、次男もアメリカの大学、大学院に行かせる計画である。成人後の職場の選択は本人たちがするべきことだが、韓国文化を身につけてからアメリカに行った長男は韓国に、幼いときにアメリカに行った次男はアメリカに定着する可能性が高いと、ジョンシク氏は予測している。

ジョンシク氏自身も言っているように彼は例外的な存在で、ほとんどのキロギ・アッパは、家族と離れて生活することに大きなストレスを感じていた。水泳、ゴルフ、登山など、運動をたくさんしているというキロギ・アッパは、運動が好きだからではなく、することがないからしているのだと、一人の時間を持て余している様子をみせた。日曜日に行くところがないので登山に行くのだが、家族連れに会わないルートを選んで登り、誰もいない家に帰るのが嫌で、夜遅くまでマンションのロビーでテレビを見ているというキロギ・アッパの話も聞いた。

キロギ・アッパの生活にとって、信仰やそれを介した人とのつながりは大きな支えになっていた。序章で紹介した男性医師も、この章で紹介した三人のキロギ・アッパも、キリスト教徒であった。二〇〇五年の統計によると、韓国ではキリスト教徒が人口の約三割（プロテスタント一八・三％、カトリック一〇・九％）を占め、仏教徒（二二・八％）の数を上回っている（統計庁「人口総調査」）。彼らは教会で祈祷したり、教会の活動に参加したり、教会のコミュニティに週末の居場所を得たり、ときには教会関係者からおかずを差し入れてもらったりしながら、自らを律して生活していた。[3]

キロギ・アッパの期間を「ハッピーで生産的」に過ごしたというジョンシク氏でさえも、「子どもの立場からみれば、自分は父親の役割が果たせなかった」と言う。母親が一人で思春期の子どもたちに対応するのは大変である。韓国に比べて開放的なアメリカ社会での子育ては、しばしば親子間の考え方の違いを大きくし、関係をより難しくする。先に示したヨンチョル氏の事例では、息子たちと毎日、Eメールで対話することにより、思春期の困難を乗り切ったが、ジョンシク氏の事例ではこのことがキロギ家族解消の契機となった。文化的背景が違う土地で、思春期の子どもに母親一人で対応しなければならないことは、キロギ家族が抱える大きな困難である。

キロギ・アッパと家族問題

キロギ・アッパへのインタビューの最大の特徴は、早期留学への期待や希望がほとんど語られなかったことであった。子どもの早期留学に同行した母親たちや、子どもだけを留学させている父親・母親たちへのインタビューでは、「グローバル化時代」「競争力のある子ども」などの言葉が頻出し、外国の教育の利点や韓国の教育の問題点などについて自らの教育方針を織り交ぜながら語られたが、キロギ・アッパへのインタビューでは、話題が家族関係の問題に集中しがちで、子どもの将来に対する期待や希望について熱く語る姿には出会えなかった。キロギ・アッパたちの抱える家族の問題の重さがうかがわれた。

筆者がインタビューしたキロギ・アッパのなかには、子どもを早期留学させることやキロギ・アッパになることを積極的に望んだ父親はいなかった。キロギ家族となる過程で主導権を握ったのは、妻や子どもである場合が多かった。もちろん、子どもに「世界的競争力」を身につけさせようと、自らキロギ・アッパになることを選び、子どもの早期留学を企画する父親もいるが、多数派ではない。

父親たちは留学の開始に当たって、積極的に主導権をとって推し進めることはしなかった。彼らは留学そのものや、家族が離れて生活することに対し、あまり積極的になれなかった。それでもキロギ・アッパになる決心をしたのは、子どものためであった。

キロギ・アッパとしての生活には、経済的負担だけでなく、家族のいない寂しさや家族関係を維持していく困難ものしかかっていた。彼らは信仰などに支えられながら自らを律して生活し、家族関係が壊れないように努力を重ねていた。父親としての役割を果たし、家族関係を維持していくことの難しさから、早期留学に否定的な見解を述べる父親もいた。それでも彼らが耐え続けていたのは、親が自分たちのために自らの人生を犠牲にしたように、今度は自分たちが親として子どものために自らの人生を犠牲にするのだという考えを持っていたからであった。

第5章では、キロギ・アッパに焦点を当て、早期留学にともなう家族問題について検討した。早期留学にともなう家族問題は、一九九五年頃からマスコミで言及され始め、二〇〇一年には子どもを外国で学ばせるため妻子を外国に住まわせ、自らは韓国に残って働き家族の生計を支える父親たちに対し「キロギ・アッパ」という呼称が使用されるようになった。キロギ・アッパは早期留学にともなう家族問題の象徴的存在となり、二〇〇五年頃には、これに対する批判が最高潮に達した。早期留学とそれにともなう国境を越えた家族の別居現象は、台湾、香港、中国（大陸）などでもみることができた。キロギ・アッパになった韓国の父親たちは、経済的負担だけでなく、家族のいない寂しさや家族関係を維持していく困難のなか、子どものために自らの人生を犠牲にする覚悟を持って日々の生活を送っていた。

注

1　オフィス（事務所）とホテルを合わせた合成語で、ワンルーム形式のつくりになっており、事務所としても住居としても使える施設。

2　後に、「外国どころかソウルの江南に引っ越しする余裕もなく、小さなオフィステルを借りて子どもたちを江南に留学させた」父親を指す「チャムセ・アッパ（スズメのパパ）」を加えた四類型も用いられるようになった（文化日報二〇〇七年五月四日など）。

3　海外に出た早期留学生とその母親たちにも、教会は現地の韓国人コミュニティに定着するための手段として利用されている（Koo 2015: 64）。

参考文献

（日本語文献）

石川裕之　二〇一四「韓国の教育熱と家族のかたち――早期留学の問題を中心に」平田由紀江・小島優生編『韓国家族――グローバル化と「伝統文化」のせめぎあいの中で』亜紀書房、二四一―二七四頁。

（英語文献）

Finch, John and Kim, Seung-kyung 2012. Kirogi Families in the US: Transnational Migration and Education. *Journal of Ethnic and Migration Studies* 38 (3): 485-506.

Huang, Shirlena and Yeoh, Brenda S. A. 2005. Transnational Families and their Children's Education: China's 'Study Mothers' in Singapore. *Global Networks* 5 (4): 379-400.

Igarashi, Hiroki 2015. Privileged Japanese Transnational Families in Hawaii as Lifestyle Migrants. *Global Networks* 15 (1): 99-117.

Koo, Bon Giu 2015. Going to School in New Zealand: Hopes and Limits. In Adrienne Lo, Nancy Abelmann,

Soo Ah Kwon, and Sumie Okazaki (eds.), *South Korea's Education Exodus: The Life and Times of Study Abroad*. Seattle: A Center for Korea Studies Publication, University of Washington Press, pp. 63-84.

Tsong, Yuying, and Liu, Yuli 2009. Parachute Kids and Astronaut Families. In Nita Tewari and Alvin N. Alvarez (eds.), *Asian American Psychology: Current Perspectives*. London: Psychology Press, pp. 365-380.

（韓国語文献）

キム・ジフン　二〇一四「超国的移住としての早期留学――シンガポールの韓国人早期留学生追跡調査を通した移動性（mobility）の類型化」『東南アジア研究』二四（二）、二〇七―二五一頁。

イ・ドゥヒュ　二〇〇八「キロギ・アッパの教育的希望と葛藤の研究」『教育問題研究』三一、二一―四六頁。

ジョ・ウン　二〇〇三「社会移動に対するこらえられない欲望――世界化、教育熱、そして親」韓国教育開発院『韓国の親の教育熱の再照明――教育発展のための方向と課題（第二〇回ＫＥＤＩ教育政策フォーラム）』三一―四五頁。

ジョ・ウン　二〇〇四「世界化の最先端に立った韓国の家族――新グローバル母子家族の事例研究」『経済と社会』六四、一四八―一七一頁。

ジョ・ウン　二〇〇七「キロギ・アッパ――ワールドクラスに向かう欲望の記号」『黄海文化』五六、七九―九七頁。

第6章　早期留学の減少と新たな動向

早期留学生数は二〇〇六年をピークに減少に転じた。第6章では、早期留学が減少し始めた二〇〇七年以降の動向についてみていく。早期留学が広くおこなわれるようになってから一定の年月が経過したため、その効果が評価されるようになり、早期留学に求めるのと同じ効果が期待できる別の方法が注目されるようになった。

1　高まる英語熱

早期留学ブームのピークとソウル市教育庁による抑制策

早期留学ブームはピークを迎え、「いまや韓国の児童・生徒にとって早期留学は非常にありふれた選択肢のひとつなので、必須の教育課程の一部のように思われるほどだ」と表現されるまでになっていた（世界日報二〇〇七年四月二日）。ソウル市江南区の大型コンベンションセンターCOEX（コエックス）では、「海外留学語学研修・海外移住移民博覧会」「ジュニア英語キャンプおよび早期留学博覧会」などが開かれ、大勢の人々が押し寄せた。子どもがごく幼いうちから早期留学についての情報収集を始める親が増えるとともに、すでに留学した子どもについて韓国を離れようとする四〇代の親たちのための創業・投資・就職移民相談コーナーの大幅な増加や、就学前児童を対象にした多様な英語キャンプ（英語合宿研修）商品が紹介されるようになるなどの動きがみられた（国民日報二〇〇七年四月二日、文化日報二〇〇七年六月四日）。

　韓国の児童・生徒にとって、早期留学はすでにありふれた選択肢のひとつになっていたが、初等学生や中学生の早期留学は自由化されていなかった。しかし、違法な留学の取り締まりはおこなわれておらず、規定が事実上「死文化」したまま廃止も改正もされずにいることが問題視された（京郷新聞二〇〇六年一月五日）。教育当局による規定廃止検討の動きは何度かあったが（京郷新聞二〇〇六年一月二〇日、東亜日報二〇〇六年四月二一日）、世論の反対が強く、規定の廃止は困難な状況であった[1]（京郷新聞二〇〇七年二月一四日）。

　二〇〇七年になって、ソウル市教育庁は違法な早期留学に対する抑制策を講じた。二〇〇七年七月、ソウル市教育庁は「未認定留学関連学籍処理方針」を各地域の教育庁と初中学校に伝達し、義務教育対象者である初・中学生の海外未認定（違法）留学に対し、欠席日数が三ヵ月を超えた場合、学年進級をさせないことにした（留学後の進級審査の強化）。これまで、一部の学校では、一部の科目に対する評価によって再就学と進級を許していたが、違法な早期留学による欠席は無断欠席とみなし、出席日数不足の者は留年させるという方針が強化されたのである（ソウル新聞二〇〇七年七月二三日など)。

さらに二〇〇八年九月からは、一年以上早期留学した初中学生が年齢に見合う学年に復帰するには、試験を受けて「教科目別履修認定評価」を必ず通過しなければならないことになった(留学後の復学基準の強化)。これに対し、留学期間のより短い三ヵ月以上一年未満の留学生は進級できる方法自体がないことが指摘され、制度の公平性についての論議が起きた。また、進級できなくなれば一年未満の短期留学を予定していた者が一年以上の留学に切り替える可能性も大きいので、かえって長期の留学をあおる可能性があると批判された(朝鮮日報二〇〇八年八月一八日)。

早期留学ブームは公教育の担い手である教師をも巻き込み、休職の不正利用まで招いていた。ソウル市では、二〇〇六年一月から二〇〇八年四月までの間に四五人の教師が、海外早期留学中の子どもの世話をするために虚偽の「看病休職(家族の看病をするための休職)」をし、停職・減俸などの懲戒処分を受けた(朝鮮日報二〇〇八年一〇月一〇日)。

早期留学に代わるもの

キロギ・アッパに対する社会的憂慮が深まるなか、外国に留学せずに、韓国内で早期留学に代わる効果を得られる別の方法が模索されるようになった。

外国の大学への進学を目標とする場合、国際カリキュラム形式で運営される代案学校（オルタナティブスクール）が早期留学に代わる選択肢として現れるようになった。グローバルビジョンクリスチャンスクール（忠清北道陰城《チュンチョンプクトウムソン》郡）、灯台《ドゥンデ》国際学校（京畿道高陽《コヤン》市）、韓国国際クリスチャン学校（京畿道富川《プチョン》市）、韓東《ハンドン》国際学校（慶尚北道浦項《キョンサンプクトポハン》市）などである。灯台国際学校と韓東国際学校では、国語と歴史を除いたすべての授業を英語でおこなっており、卒業生はおもに外国の大学や韓国内の大学の国際学部に進学している。韓国内の大学に進学するには検定試験を受ける必要があり、学費も比較的高いが、英語圏の私立学校水準の教育が受けられ、家族と遠く離れて住まなくても良い点が長所である。早期留学からの帰国児童・生徒が急増して、このような学校が次々と開校された（国民日報二〇〇七年一二月一〇日）。

また、中国語ブームに乗って、華僑小学校が人気を得た。外国人学校である華僑学校[2]は、韓国では学歴が認定されないため、韓国の中学校に行くには検定試験を受けなければならない。そのため、韓国人児童のほとんどが、中国語を身につけた後、四~五年生で韓国の初等学校に移っていった（中央日報二〇〇六年一月二八日）。華僑小学校への入学に先立ち、付設幼稚園に通う韓国人の子どもたちも増えていた（朝鮮日報二〇〇七年七月四日）。

仁川経済自由区域に開校予定の松島《ソンド》国際学校には、キロギ・アッパを減らす効果が期待された

（朝鮮日報二〇〇六年三月一〇日）。二〇〇六年三月の着工式では、外国教育機関特別法によって設立される韓国内初の外国教育機関として注目を集めた。韓国に住む外国人の子どもたちを主な対象とするが、定員の三〇％の範囲内で韓国人児童・生徒も受け入れる計画であった（朝鮮日報二〇〇六年三月九日）。また政府は、増加し続ける早期留学や語学留学の需要を韓国内に向けるための対策として、二〇〇七年九月、済州《チェジュ》島西帰浦《ソギポ》市大静邑《デジョンウップ》一帯の四二六万㎡の土地に、二〇一三年までに、英語による教育をおこない、韓国での正規の学歴が認定される初中高校一二校を設立する「英語教育都市」造成案を発表した（朝鮮日報二〇〇七年九月五日）。[3]

李明博政権による英語公教育強化政策推進方針の提示

李明博《イ・ミョンバク》政権のスタート後も、早期留学熱が冷めることはなかった。大統領選挙後の二〇〇八年一月、李明博次期大統領の政権引継委員会は、英語公教育を画期的に変化させると発表し、高等学校における英語科の授業の英語での実施や、英語以外の科目も英語で授業する「英語イマージョン教育（English Immersion Program）」の導入を含む英語公教育強化政策の推進方針を示した。イ・キョンスク引継委員長は「『キロギ・アッパ』『ペンギン・アッパ』などの別称がある離散家族現象をこれ以上放っておくことはできない」と述べ、「英語教育による問題点を国家が責任を持って解決しなければならない時」であるとした（文化日報二〇〇八年一月二五日）。

英語イマージョン教育の公教育への導入方針は、世論の強い反発を受け、ほどなく撤回されたが、政府が英語教育の重要性を強調したことにより英語教育熱がいっそう高まり、むしろ早期留学をあおる結果となった。政権引継委員会で初等学生および中学生の早期留学の自由化が検討されたことや（ハンギョレ二〇〇八年一月九日）、外国人学校への韓国人の入学要件が海外居住五年以上から三年以上に緩和されると発表されたこと（京郷新聞二〇〇八年四月三〇日）も、早期留学熱を高めた（京郷新聞二〇〇八年四月二八日）。

東南アジア留学ブームの過熱

東南アジアへの早期留学ブームはますます高まり、中間層はもちろん、庶民層にまで急激に広がっていった。留学生の低年齢化も進み、初等学校一〜三年生のときに東南アジアに行く児童が、早期留学の中心をなしていると言われるようになった（韓国日報二〇〇八年六月一〇日）。

フィリピンのインターナショナルスクールでは、韓国人児童・生徒が多く集まったため、新たに入学するのが難しい状況になっていた。名門として知られるインターナショナルスクール・マニラとブレント（Brent）・インターナショナルスクール・マニラは、年間の学費が二千〜三千万ウォン（約一九〇～二九〇万円）ほどかかったが、すでに三〇％近くが韓国人児童・生徒で占められており、待機児童・生徒が絶えない状態だった。フィリピンの上流層の子弟が通う名門私立学校も、すでに韓国人児童・生徒が満杯で、入学が容易ではないという。その他の私立学校や、韓国人が現地に設立した学校に入学するものも多くなっていた（韓国日報二〇〇八年六月一一日）。

マレーシアの首都クアラルンプールのアンパン地域にあるサイフォル（Sayfol）・インターナショナルスクールは、韓国人の児童・生徒が非常に多く、在学生二〇〇〇人のうちの四五％が韓国人児童・生徒で占められているという。マレーシアのインターナショナルスクールの授業料は年に二〇〇万～一七〇〇万ウォン（約一九～一六三万円）程度になるが、現地の教育専門家は、マレーシアにある三〇校以上のインターナショナルスクールの在学生約一万四千人のうち四千人以上が韓国人児童・生徒だろうと推定していた。いっぽう、バンコクだけでもインターナショナルスクールが七〇校もあるタイでは、韓国人児童・生徒の比率は二～一〇％ほどであるという（韓国日報二〇〇八年六月一一日）。

韓国教育開発院による統計からも、東南アジア留学ブームの過熱を確認することができる。二〇〇六年に四五九六人だった東南アジアへの早期留学生は、二〇〇七年度には五〇八七人、二〇〇八年度には五八四〇人へと急増した。二〇〇七年度以降、早期留学生数は全体として減少

表6-1　初等学生・中学生・高校生別にみた
早期留学生の留学先と人数（2008年度）

単位：人（％）

	初等学生		中学生		高校生	
1	東南アジア	3,200 (25.5)	アメリカ	2,746 (30.9)	アメリカ	2,586 (43.6)
2	アメリカ	2,857 (22.8)	東南アジア	1,786 (20.1)	東南アジア	854 (14.4)
3	カナダ	2,400 (19.2)	中国	1,238 (13.9)	中国	718 (12.1)
4	中国	1,258 (10.0)	カナダ	1,089 (12.3)	カナダ	512 (8.6)
5	オーストラリア	813 (6.5)	ニュージーランド	424 (4.8)	オーストラリア	281 (4.7)

出所：教育科学技術部・韓国教育開発院『2009簡易教育統計』より作成。高校生は、一般系高校と専門系高校を合わせた値を算出。

に転じており、アメリカ、カナダ、中国など主要な早期留学先への留学生数は軒並み減少したが、東南アジアだけが大幅な増加をみせた（一〇七頁、図3－1）。そのため早期留学生全体に占める東南アジアへの留学生数の割合は、二〇〇六年度の一五・六％から二〇〇八年度の二一・四％へと増加し、カナダ（一四・六％）に代わって、アメリカ（二九・九％）に次ぐ早期留学先の位置を占めるようになった。二〇〇八年度の早期留学先を初等学生・中学生・高校生のそれぞれについてみると（表6－1）、高校生と中学生ではアメリカに行く留学生がもっとも多かったが、初等学生では四人に一人（二五・五％）が東南アジアに行っており、東南アジアへの留学がアメリカを上回った。高校生と中学生についても、東南アジアは中国を抜き、アメリカに次ぐ留学先となった。

早期留学生とその家族が急激に流入して、フィリピンではマニラのアラバン地域やオルティガス地域、マレーシアではクアラルンプールのアンパン地域など、東南アジア各地に韓国人タウンが形成された。短期間のうちに早期留学のために来た人々が集まったため、これらの地域では家賃の上昇がみられた（韓国日報二〇〇八年六月一一日）。

2　早期留学の減少

世界金融危機と早期留学生数の減少

新聞報道を見る限り、李明博政権始動後も早期留学熱は冷めず、むしろ高まっているようであったが、統計データに表れた早期留学生数は減少していた。韓国教育開発院の統計によると、急激な増加を続けて来た早期留学生数は二〇〇六年度の二万九五一一人をピークに、二〇〇七年度には二万七六六八人、二〇〇八年度には二万七三四九人と減少に転じた。

早期留学生減少の原因は、少子化にともなう児童・生徒数の減少に加えて、世界的な景気低迷と対ドル為替レートにおけるウォン安により留学費用の負担が増えたためという見方がほとんどであった（東亜日報二〇〇八年九月一九日、朝鮮日報二〇〇八年一〇月一七日など）。

二〇〇七年のサブプライムローン問題を発端に、二〇〇八年にはリーマンショックを引き起こした世界金融危機の影響により、韓国経済は低迷した。二〇〇七年に五・五％だった実質GDP成長率は、二〇〇八年には二・八％、二〇〇九年には〇・七％まで下落した。一人当たり国民総所得も二〇〇七年の二万三〇三三ドルから、二〇〇八年には二万〇四六三ドル、二〇〇九年には一万八三〇三ドルに減少した（二九頁、図1-2）。二〇〇七年一〇月に一ドル＝九〇〇・七ウォンだった為替レートは、二〇〇八年九月には一二〇七・〇ウォン、一一月には一四六九・〇ウォン、二〇〇九年二月には一五三四・〇ウォンに跳ね上がった（金融監督院「金融統計」）。

二〇〇九年度の早期留学生数は一万八一一八人と、二〇〇八年度の二万七三四九人に比べて九二三一人（三三・八％）減という、かつてない大幅な減少を示した。早期留学ブームの中心地であったソウル市江南地域（江南・瑞草《ソチョ》区）の初・中学生の早期留学生数も、二〇〇六年度の二五一七人から二〇〇七年度二三三六人、二〇〇八年度二一八二人、二〇〇九年度一六一四人と、四年間で三五％減少した（朝鮮日報二〇一〇年五月三日など）。

早期留学生数が三年連続で減少し、しかも二〇〇九年度に大幅な減少をみせたことについては、明らかに経済的要因が大きく作用していたとみられる。しかし、二〇〇九年度の減少については、景気低迷などによる一時的現象に過ぎないという見方があるいっぽうで、早期留学の需要自体が減少してきているという見方も示された。その要因として、帰国後の不適応問題の頻発、大学入試における海外居住特例入学選考の減少、外国語高校入試における内申成績重視の傾向、英語早期教育の普及、外国語の民間教育機関の発達、早期留学が名門大学への入学を保証するという幻想の崩壊などがあげられた（韓国日報二〇一〇年五月三日、ネイル新聞二〇一〇年五月二五日、東亜日報二〇一一年二月一〇日など）。早期留学にともなうさまざまな問題が広く知られるようになるとともに、入試戦略としての有効性や外国語学習のために留学する必要性が減少し、お金をかけて早期留学しても期待したほどの効果が得られないと認識されるようになってきているということである。

二〇一〇年には実質GDP成長率は六・五％となり、一人当たり国民総所得は二万二一七〇ドルまで回復した。二〇一〇年度の早期留学生数は一万八七四一人と前年度をわずかに上回り、四年ぶりの増加となった。

早期留学生数が二〇〇六年度をピークに減少に転じたのに対し、帰国する児童・生徒の数はその後も増え続け、三年後の二〇〇九年度に最大となった。二〇〇六年度に一万八三六二人だった帰国児童・生徒数は、二〇〇九年度には二万三六九八人まで増加し、二〇一〇年度には一万九九八五人と減少に転じた（一二一頁、図3－2）。二〇〇九年度が帰国児童・生徒数のピークとなったのは、帰国する児童・生徒の六～七割程度が海外滞在期間二年未満の帰国者であるため出国者数の減少が数年の時間差を置いて表れたことと、やはり二〇〇九年の経済状況の悪化および対ドル為替レートの高騰の影響が大きいのであろう。

国際中学校の増設

国際中学校とは、グローバル人材の育成を目指す特性化中学校[4]で、国語と国史以外のほとんどの教科の授業が英語でおこなわれる。一九九八年に釜山国際中学校（釜山広域市）が、二〇〇六年に清心《チョンシム》国際中学校（京畿道加平《カピョン》郡）が開校した。

二〇〇九年にソウル市にテウォン国際中学校とヨンフン国際中学校が設立されるにあたっては、これらの学校が海外からの帰国生の受け入れ先になるとともに、早期留学の代替となることが期待された。いっぽう、義務教育段階で例外的な学校形態を認めるべきではないとの反対意見や、中学校入試の復活、私教育費の増加に対する憂慮の声も上がった（韓国日報二〇〇八年九月一〇日、ソウル新聞二〇〇八年一〇月一五日）。

国際中学校は、特殊目的高校や自律型私立高校などへの進学に有利なステップとされ、激しい入試競争が起こった。入学・編入をめぐる不正事件まで発生したため、ソウル地域では二〇一五年度から入学者の選抜をすべて抽選でおこなうようになった。

なお、特殊目的高校への入学を目標とした早期留学が二〇〇六年頃から増えていたが、二〇一〇年度から外国語高校の入試が変わることになり、早期留学が有利かどうかについて論議が起きた。これまでは全科目の内申成績と面接によって新入生が選抜されていたが、二〇一〇年度からは英語の内申成績と面接だけで新入生を選抜するよう変わることになった。英語の内申成績を良くするためには早期留学が有利という意見と「韓国式の」英語の内申成績を良くするにはかえって不利という意見があった（朝鮮日報二〇一〇年二月二二日）。

初期の早期留学は「半分成功、半分失敗」

このころには、早期留学ブームが始まって一定の期間が経過したため、学業を終えて社会に出る年頃になった早期留学経験者を対象に、早期留学した子どもたちがその後、どうなったのかを検証する試みもなされた。朝鮮日報の特集記事「深層リポート——早期留学第一世代の現住所」は、一九九四年から二〇〇〇年までの間に早期留学した人々を「早期留学第一世代」として一〇〇人の人生を追跡取材するとともに、韓国企業および外資系企業の人事担当者一〇〇人に早期留学経験のある新入社員の英語力、業務能力、組織適応力に対する満足度を調査したものである（表6-2）。

取材の結果、過去一〇年余りにわたり韓国の中間層の親たちをとりこにした「早期留学」モデルは「半分成功、半分失敗」であったとされた。早期留学経験者のほとんどが入試地獄と画一的な教育方式に縛られない「幸せな学生時代」を送ったことに満足していた。そして、圧倒的多数が自分の子どもにも早期留学をさせると答えた。しかし、彼らの平均的な収入はそれまでに投入した教育費用や留学当時の期待に比べ、やや劣っていた。インタビュー対象となった一〇〇人のうち、六〇人は韓国で、二四人は海外で就職し、四人は学業を継続中、一二人は就職準備中であった。彼らには、私教育がさかんなソウル市江南地域と比較しても二〜五倍近い費用がかかっていた。しかし、アイビーリーグの大学を卒業し、高い年俸をとる金融エリートになった人は少数で、大半は平均より少し収入が高いサラリーマンになるに留まった。費用対効果の観点からみれば、一九九〇年代から吹き荒れた早期留学ブームは「失敗した実験」であったとされた（朝鮮日報二〇〇九年六月二三日、六月二九日、七月三日）。

留学経験者の年俸の水準が留学経験のない者に比べて高いことについて、人事担当者の四八％が「能力に比べ年俸が高すぎる」と評価した。韓国に戻って就職した早期留学経験者たちは、英語と韓国語の両方に堪能であることを求められ、韓国の企業文化との衝突を経験していた（朝鮮日報二〇〇九年六月二四日、六月二六日、七月二日）。

表 6-2　新聞の連載記事「深層リポート――早期留学第一世代の現住所」の見出し一覧

1	早期留学第一世代「半分成功」1994～2000年に留学した世代を調査　アメリカの教育制度には満足、成果は期待に及ばず 「世界化時代　英語だけ学んでも得」1990年代中後半に中高生1万人留学　「早期留学第一世代」は誰 100人の早期留学生を探し出し「彼らの人生行路」追跡　どのように取材したのか
2	「住んでいたのにその程度?」　絶えない英語ストレス 減資……転換私債……上向灯……なんのこと?　帰って来たら　母国語が足を引っ張る 企業人事担当者がみた留学生「英語がプラスになる時代は終わった」
3	数億ウォンかけて外国に留学したが……　国内就職後に「億台の年俸」は10%未満 人事担当者の48%「能力に比べ年俸高い」 USC・NYU　同窓たち集まれ　20～30代の参加活発
4	「寂しくて苦しくても学校生活は幸せだった」 「友人・同僚と共有できる思い出がない」　韓国とアメリカの間でアイデンティティの混乱も 費用をかけたほど満足はできないが……　親たち「幸せな10代を過ごしたなら、それで満足」
5	より大きな挑戦「暮らしの質」を求めて　留まり続ける留学生たち　「看板」より「実力」が認められ、定時退社、週末はノータッチ　「人生を楽しめるからいい」 特殊目的高校に行くために早期留学?　国内入試に合わせて「初等学校のときに行き、中学のときに帰国」新たなパターン 「1歳でも早く行こう」　初等生の留学が45%
6	激論「英語だけ学んできても得という言葉はもう死語」 激論　早期留学第一世代の言い分　「行けばアメリカ人と違い、戻れば韓国人と違うようだ」 激論　企業人事担当者のアドバイス「協業の韓国組織文化を理解する必要」

出所：『朝鮮日報』2009年6月23日～7月2日。

3　早期留学ブームの沈静と新たな動向

続く早期留学生の減少

早期留学生数はその後も減少を続け、二〇一五年度には九九二九人と、ピーク時（二〇〇六年度）の約三分の一にまで減少した。

これまで早期留学生数の増減は、韓国の経済状況に直接的な影響を受けつつ推移してきていた。経済成長率が上がり、一人当たり国民総所得が増え、対米ドル為替レートがウォン高になると早期留学生数が増え、その反対になると早期留学生数が減る傾向にあった。しかし、二〇一一年以降は、これらの経済指標の変化と早期留学生数の増減とが直接連動しなくなった。早期留学生数の増減とよく似た推移を示していた一人当たり国民総所得は、二〇一一年には世界金融危機前の水準を上回る二万四三〇二ドルにまで回復し、その後も二〇一四年（二万八〇七一ドル）まで、順調な増加をみせていた。対米ドル為替レートは二〇一一年（一ドル＝一一二六・七六ウォン）から二〇一四年（一ドル＝一〇五三・一二ウォン）にかけてウォン高の傾向を示していた。いっぽう実質ＧＤＰ成長率は二～三％台の低成長に留まった（二九頁、図１‐２、３）。

二〇一一年以降の早期留学生数減少の原因としては、早期留学が大学進学や就職にあまり役立たないという認識が広まったこと、韓国内での英語学習環境が整ったこと、があげられている（国民日報二〇一五年一一月一七日など）。

かつては、早期留学すれば、外国の有名大学に進学したり、良い職場に就職したりすることができると考えられていた。しかし、早期留学ブームから一定の年月が経過して、早期留学を経て外国の大学を出た学生たちの就職が、現地でも韓国内でも容易ではないことが知られるようになった。また、外国語高校や大学の入試でも、早期留学経験者に有利な選考が減る傾向にあった。そのため、キロギ・アッパの自殺や離婚に代表される家族問題、留学先および帰国後の学校での子どもの適応問題など、さまざまなリスクを負いつつ、多額の費用を投じて早期留学しても割に合わないという認識が広まったようである。

また、初等学校からの英語教育はもちろん、地方自治体が開設した英語村、済州英語教育都市に開校された国際学校、自治体・大学・民間の教育機関などによる国内外での英語キャンプ（短期英語合宿研修）、英語塾、英語幼稚園など、英語教育を受けることのできるところが増え、韓国内での英語学習環境が整ったことも、リスクを冒してあえて早期留学を選択する必要を減らしている。保護者たちの間では、一～三年早期留学させると帰国後に韓国の学校の数学・国語の進度について行くのが難しいため、韓国内の名門大学進学が難しくなると考えられており、代わりに英語幼稚園に行かせたり、アメリカの教科書で授業をする英語塾や夏休みの海外英語キャンプなどを利用して子どもの英語力を高めようとする者が多いという（中央日報二〇一五年一一月一八日）。

世界金融危機によりグローバル経済の危うさを経験し、韓国経済が低成長時代に入るなか、親たちは早期留学の費用対効果を厳しく見極めるようになったのではないだろうか。

親の意識の変化

早期留学熱は冷めているのだろうか。統計庁の「社会調査」の結果を分析してみよう。図6－1は、二〇〇八年から二〇一四年にかけての子どもの留学に対する親の見解の推移を示したものである。大学以上も含め、子どもをいずれかの段階で留学させたいと希望する親の割合は二〇〇八年から二〇一二年にかけて高まっており、二〇一〇年以降、親たちの半数以上が子どもの留学を希望する状況が続いていることがわかる。

早期留学については、どうだろうか。子どもの早期留学を希望する親の割合（初等学校・中学校・高校段階からの留学を希望する親の割合の合計）は、二割ほどを維持している。このデータを見る

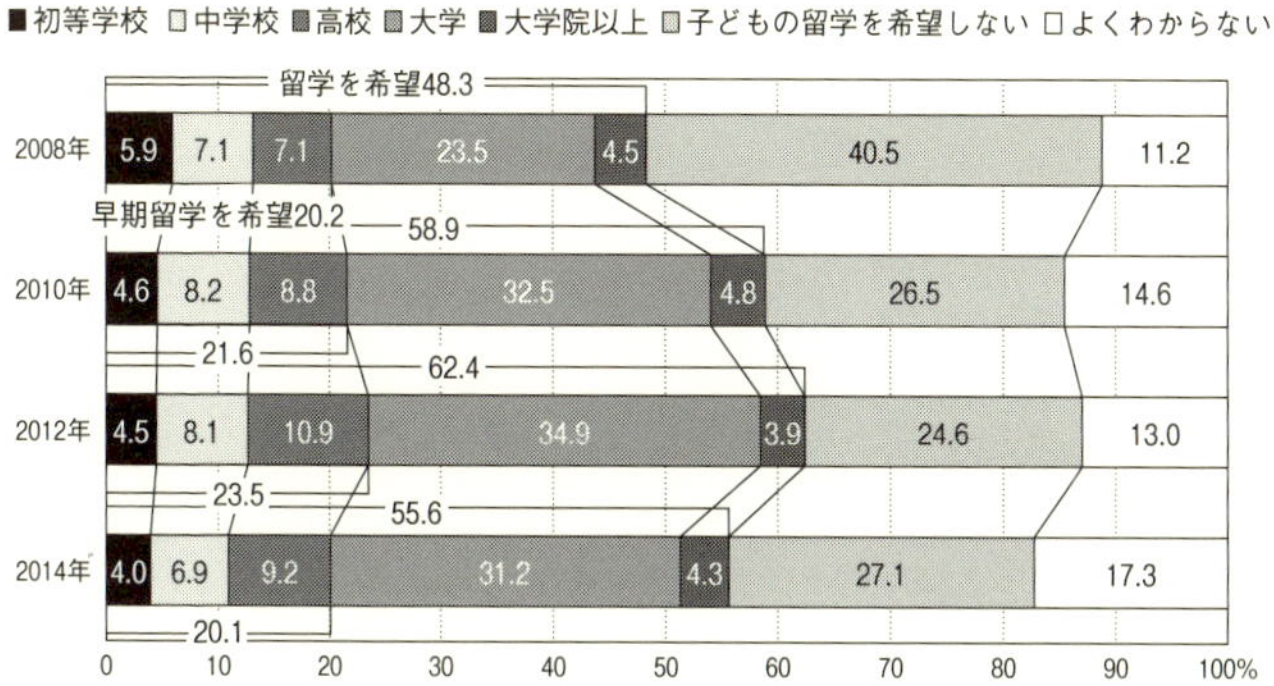

図6-1　子どもの留学に対する親の見解（留学を希望する学校段階）の推移

注：「あなたのお子さんが我が国の学校ではない他国の学校に通うことを望みますか？」、「はい」と回答した場合、「お子さんの留学をどの段階からさせるのがよいと思いますか？」への回答。初等学校・中学校・高等学校在学中の子どもがいる三〇歳以上の親が対象。小数第二位を四捨五入。

出所：統計庁「社会調査」各年度より作成。留学を希望する学校段階別の留学希望者割合は、子どもの留学を希望する者の内訳より算出。

限り、親たちの早期留学熱は、早期留学生数の減少と並行して冷めていっているとは言い難い。ただし、子どもの留学を希望する学校段階については、高くなる傾向がみられる。初等学校段階からの留学を希望する親の割合が低下する（二〇〇八年五・九％→二〇一四年四・〇％）いっぽうで、高校段階からの留学の希望は増加の傾向にある（二〇〇八年七・一％→二〇一四年九・二％）。

しかし、親の学歴・職種・世帯の月平均所得ごとに、子どもの早期留学を希望する割合をみてみると、早期留学ブームを先導してきた高学歴層、専門管理職および事務職、高所得層に早期留学希望割合の低下ないし停滞がみられる。

まず、親の学歴別にみると（図6-2）、学歴が高いほど子どもの早期留学を希望する割合が高い傾向があるが、大学卒以上の層では早期留学希望割合の低下がみられる（二〇〇八年二六・九%→二〇一四年二一・四%）。いっぽう、高校卒の層では二〇〇八年から二〇一二年にかけて上昇した後、二〇一四年には低下に転じており、中学校卒以下の層では継続して上昇している。

つぎに、親の職種別にみると（図6-3）、子どもの早期留学を希望する割合は専門管理職と事務職でもっとも高く、サービス・販売職、技能労働職が続き、農漁業でもっとも低くなっている。二〇〇八年から二〇一二年にかけて、専門管理職と事務職では希望者の割合がほぼ横ばいだったのに対し、サービス・販売職と技能労働職では上昇している。

世帯の月平均所得ごとにみると（図6-4）、四〇〇万ウォン以上の層の間ではあまり大きな差はみられないものの、所得が高いほど子どもの早期留学を希望する割合が高い傾向がみられる。二〇〇八年から二〇一二年にかけて、三〇〇万ウォン以上の層では希望者の割合がほぼ横ばいだったのに対し、二〇〇〜三〇〇万ウォン未満の層と一〇〇〜二〇〇万ウォン未満の層では上昇している。

このように、子どもの早期留学を希望する割合が高く、早期留学ブームを先導してきた高学歴層、専門管理職や事務職、高所得層の親たちの間に、二〇〇八年以降、早期留学希望割合の低下

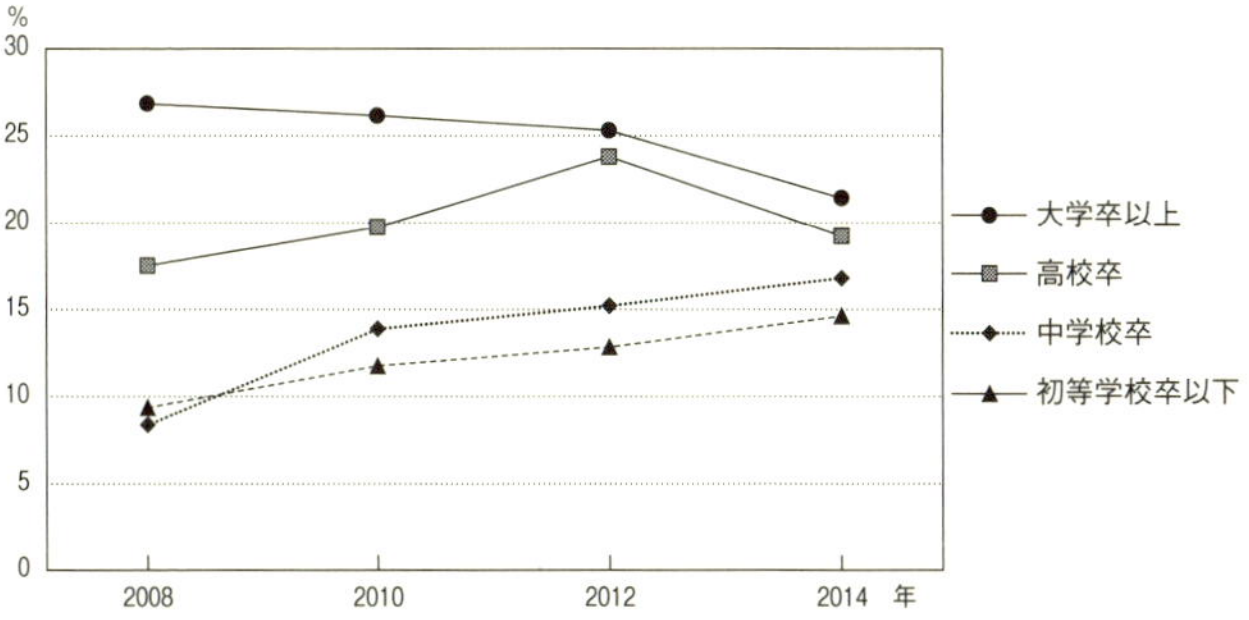

図 6-2　子どもの早期留学を希望する親の割合の推移（親の学歴別）

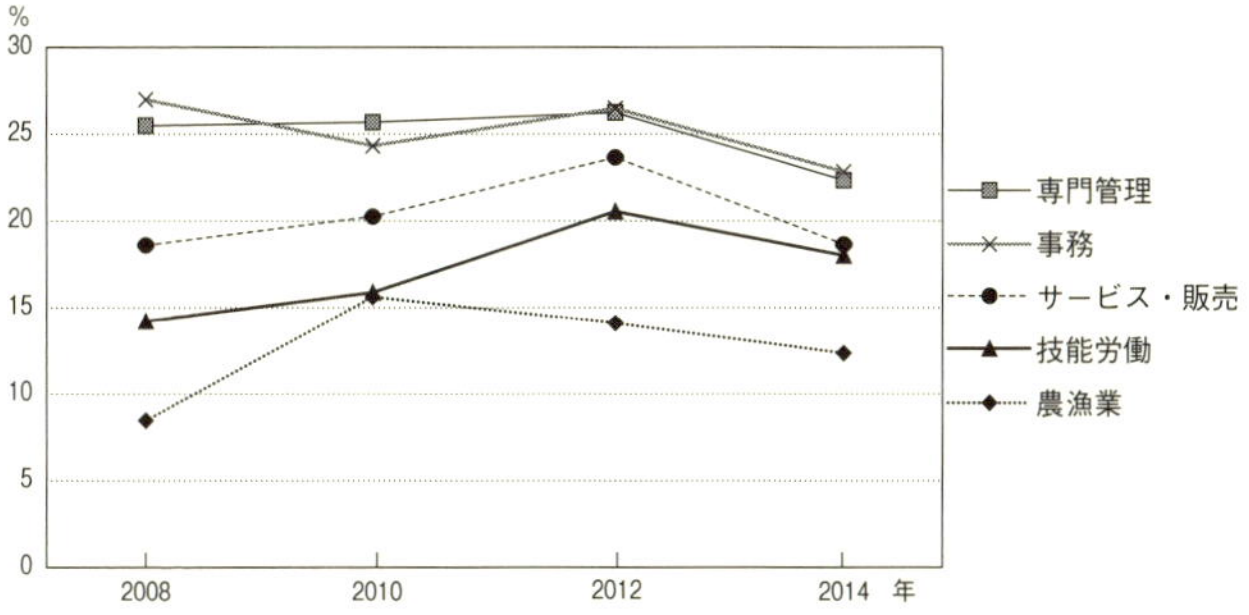

図 6-3　子どもの早期留学を希望する親の割合の推移（親の職種別）

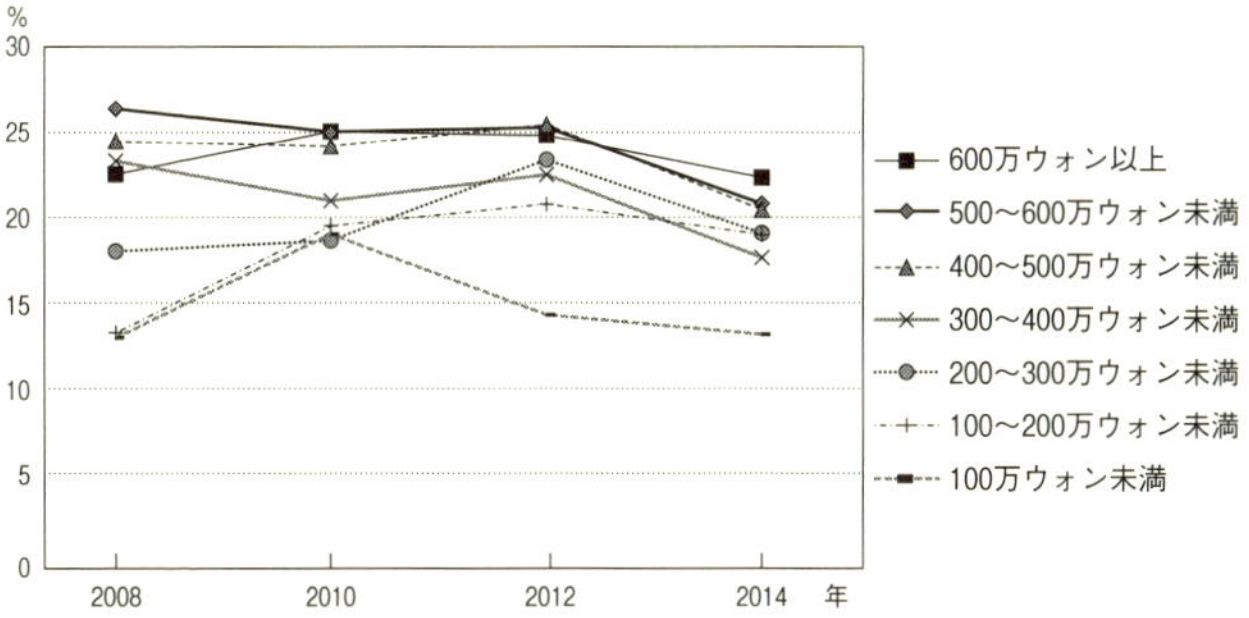

図6-4　子どもの早期留学を希望する親の割合の推移(世帯の月平均所得別)

注：図 6-2、3、4 は、初等学校・中学校・高等学校在学中の子どもがいる 30 歳以上の親が対象。小数第二位を四捨五入。

出所：統計庁「社会調査」各年度より作成。子どもの留学を希望する親のうち、初等学校・中学校・高校段階からの留学を希望する者の割合より算出。

ないし横ばいの傾向がみられることは、早期留学ブームの加熱が収まってきていることを示していると解釈できるかもしれない。いっぽうで、高卒以下の層では二〇一四年まで継続して、サービス・販売職や技能労働職、月平均所得一〇〇万以上三〇〇万ウォン未満の層では二〇一二年までの間、希望割合の上昇がみられたため、この間、早期留学の希望に対する階層的な意識差は縮小する傾向にあったといえるだろう。

韓国の大学・大学院への還流

早期留学して外国の大学を卒業しても就職が難しいことから、韓国の大学や大学院への留学生の逆流が増加した。

外国の大学を出ても現地で就職に成功する事例は珍しく、韓国で就職しようとしても、留学経験者が増えて外国の大学卒業の学歴がありふれたものになったため就職にそれほど有利ではないうえ（朝鮮日報二〇一一年五月二〇日）、韓国の大学の卒業生たちの競争力が高まっているのに対し、留学経験者は情報や人脈、一般教養や韓国語力の不足というハンディキャップを負っていた（京郷新聞二〇一二年一月三一日）。そこで、むしろ韓国の大学を出たほうが人脈もでき、職を求めるのに良いとの判断から、外国の大学から、あるいは外国の大学を卒業後、韓国の大学に編入しようとする学生たちが増えているという。韓国の大学への編入学をめざす学生たちは、韓国に戻って「編入学院」などと呼ばれる予備校に通うなどして編入学試験の準備をしていた（朝鮮日報二〇一一年五月二〇日）。外国の大学出身の大学編入試験志願者は、二〇一〇年からの四年間に、韓国外国語大学で六八人から二二〇人へ、漢陽《ハニャン》大学で一五〇人から二六〇人へ、中央《チュンアン》大学で一三二人から二九七人へと大きく増えていた（朝鮮日報二〇一四年四月四日）。

外国で高校を卒業した後、在外国民特別選考で韓国の大学を受験する生徒たちは「サケ族」と呼ばれ、夏休みには韓国に戻って予備校で講義を受ける姿がみられた（朝鮮日報二〇一一年七月一九日）。外国の高校や韓国の国際学校から韓国の大学を受験するさいには、在外国民特別選考と語学特技者選考がおもに利用されている（朝鮮日報二〇一六年五月九日）。また、韓国のビジネス環境を理解し、人脈を構築することができるため、韓国で成功するためにはアメリカより有利であるとの考えから、早期留学してアメリカの大学を卒業した後、韓国の大学院に経営学修士（MBA）を取得しに来る学生も増えていた（朝鮮日報二〇一二年四月二四日）。

外国人学校

韓国内での英語学習環境が整ったことが早期留学生減少の要因としてあげられたが、なかでも家族が遠く離れることなく、海外留学よりも安い費用で英語による教育や外国の教育課程による教育を受けることができる外国人学校と外国教育機関および済州英語教育都市の国際学校は、早期留学に代わる方法として注目を集めた。

外国人学校は、韓国内に居住する外国人の子女と韓国人の帰国子女の教育をおこなうために設立された学校である。二〇一七年二月現在、韓国内に外国人学校は四四校ある。原則、定員の三〇%以内の範囲で韓国人児童・生徒の入学が許されているが、外国に居住した期間が合計三年以上の者でなければならない（教育部「外国教育機関および外国人学校総合案内」）。韓国内で家族とともに生活することができ、外国人の子どもとともに海外の教育システムで学ぶことができる外国人学校は、早期留学の代案として脚光を浴びた。子どもを外国人学校に行かせたい保護者のために、入学手続きの代行業務をおこなう事業者も現れた。二〇〇九年二月に施行された大統領令により外国居住期間の資格要件が五年以上から三年以上に緩和されたため、入学希望者が増えて競争率が高まった。

外国人学校に通う韓国人児童・生徒たちは最初から外国留学を目的としており、韓国内の大学に進学する比率は少ない（小桐間 二〇一四：二四二）。韓国の高等学校の内申に該当する学業成績評価（ＧＰＡ）で高い点をとるのが比較的容易なため、一部の保護者たちの間で、外国人学校は子どもをアメリカの名門大学に進学させる近道と考えられているという（韓国日報二〇一二年九月一五日）。子どもを外国人学校に入学させるため、保護者がブローカーを通して不法に外国籍を取得し摘発される事件が発生したり（朝鮮日報二〇一二年九月一五日など）、外国居住期間の資格要件を満たしていない児童・生徒の入学が多数摘発される（朝鮮日報二〇一三年四月一一日）など、外国人学校への不正入学は社会問題となり、二〇一六年七月には、不正入学させた外国人学校に対する行政処分（韓国人児童・生徒の募集停止期間）の基準が設けられた（朝鮮日報二〇一六年七月一九日）。

外国教育機関と済州国際学校

外国教育機関と済州国際学校は、海外居住経験がない児童・生徒も入学することができ、英語による教育や外国の教育課程による教育を受けることができる。

外国教育機関とは、外国人の生活環境改善を通した外国資本の誘致を目的として、外国学校法人（外国で当該地の法令にもとづき学校を設立・運営する国家・地方自治団体または非営利法人）により経済自由区域内に設置・運営される教育機関である。初・中等教育機関としては、二〇一〇年八月に開校した大邱国際学校（大邱広域市）と同年九月に開校したチャドウィック松島国際学校（仁川広域市）の二校がある。韓国人児童・生徒の割合は、原則、定員の三〇％以内に制限されている（教育部「外国教育機関および外国人学校総合案内」）。

済州国際学校は、国民の外国語能力向上と国際化した専門的人材の養成を目的として、済州特別自治道の英語教育都市に設置・運営される教育機関である。韓国人の入学割合に制限は設けられていない。二〇一一年九月に公立の韓国国際学校とイギリスの私立学校ノース・ロンドン・カレッジエイト・スクールの海外分校であるノース・ロンドン・カレッジエイト・スクール・済州が開校した。続いて二〇一二年一〇月に、カナダの私立学校ブランクサム・ホールの海外姉妹校であるブランクサム・ホール・アジアが開校した（教育部「外国教育機関および外国人学校総合案内」）。二〇一七年一〇月には、アメリカの私立学校セント・ジョンズベリー・アカデミーの海外分校、セント・ジョンズベリー・アカデミー・済州が開校予定である。

二〇〇八年に始まった済州英語教育都市造成事業は、海外留学・語学研修による外貨流出を抑制するとともに、教育分野の国際競争力強化のために済州国際自由都市と韓国政府が推進しているプロジェクトである。済州島の西帰浦市大静邑一帯の約三七九万㎡の用地に一兆七八〇〇億ウォン（約一七〇〇億円）の事業費を投資して、二〇二一年までに住居・商業施設なども備えた人口二万人（うち学生九〇〇〇人）規模の都市を作ることを目標にしており（韓国日報二〇一六年九月二六日）、「世界の名門教育機関を誘致し、国内でも世界最高の教育サービスを提供することで、海外留学・語学研修の需要を吸収するだけでなく、中国をはじめとするアジアの留学生と非英語圏の学生を誘致し、外国人居住比率を最大限高め、外国へ留学したのと同様の環境を造成」しようとするものである（済州特別自治道「英語教育都市　済州」）。

済州英語教育都市の三つの国際学校の児童・生徒数は、二〇一一年の八〇五人から二〇一六年には二八五八人まで増加した。このうち韓国人が二四九一人で八七・二％を占めており、外国人三六七人のうち中国人が一八九人と約半数を占めている（ソウル新聞二〇一六年一一月四日）。すでに高校教育課程の卒業生を送り出し始めたノース・ロンドン・カレッジエイト・スクール・済州とブランクサム・ホール・アジアでは、スタンフォード大学、オックスフォード大学をはじめとする海外の名門大学に多数の合格者を出したほか、ソウル大学や延世大学など韓国の名門大学にも合格者を出している（東亜日報二〇一五年一二月二四日）。

済州英語教育都市の国際学校は、当初の狙い通り早期留学の代案となり、成果をあげていると評価されている。済州国際自由都市開発センターが三つの国際学校に在学する児童・生徒と保護者を対象にアンケート調査をした結果、保護者の四五％が「済州国際学校がなかったら、子どもを海外に留学させていた」、在学生の三二％が「海外の正規学校に通った経験がある」と回答し、国際学校が海外留学の需要を吸収するのに、ある程度効果があったことが明らかになった（中央日報二〇一五年一二月一六日）。英米圏の留学費用を一人当たり年間約七〇〇〇万ウォン（約六六〇万円）と仮定すると、二〇一一年から二〇一五年までの五年間で二五九〇億ウォン（約二四〇億円）の外貨流出を防いだことになるとされている（朝鮮日報二〇一六年四月一二日）。

済州英語教育都市が人気を呼んでいる理由は、海外に出て行かなくても、外国の名門学校の水準の教育を受けることができる点にある。また、幼稚園から高校までの全課程があり、外国と韓国の両方の学歴が認定されるので、転校や進学などの選択の幅も広がる。外国人学校や外国教育機関とは異なり、韓国人の入学割合に制限がない。ただし学費は高い。たとえば、ノース・ロンドン・カレッジエイト・スクール・済州の場合、幼稚園・初等学校で年間約二八四九万ウォン（約二七〇万円）、中学校で約二九七〇万ウォン（約二八〇万円）、高校で約三四八〇万ウォン（約三三〇万円）、さらに中学校と高校では寄宿料が二千万ウォン（約一九〇万円）以上かかるという。そのため、教育機会の均等という観点から、批判の対象となることもある（ソウル新聞二〇一六年九月二日）。

英語村

グローバル人材を育成し、英語の私教育費の縮小や早期留学をはじめとする海外留学・研修を抑制することを期待して全国各地に設立された英語村は、慢性的な赤字などにより相次いで閉鎖や縮小、機能転換されていた。京畿道により全国に先駆けて二〇〇四年八月に開設された京畿英語村安山キャンプは、慢性的赤字の末、二〇一二年一二月に閉園となった。また、京畿英語村坡州キャンプ（二〇〇六年開設）と楊平《ヤンピョン》キャンプ（二〇〇八年開設）も、未来社会に必要な人材育成機関に転換されることになった。二〇〇八年に大田広域市東区がつくった通学型英語村「国際センター」は、経営難から委託運営業者をみつけられず、運営を中断した。ソウル市も、ソウル英語村風納《プンナプ》キャンプ（二〇〇四年開設）、水踰《スユ》キャンプ（二〇〇六年開設）、冠岳《クァナク》キャンプ（二〇一〇年開設）の機能転換を推進している。二〇一六年現在、地方自治体がつくった英語村は韓国全土二〇ヵ所余りで運営されているが、相当数が赤字経営に悩んでいるという（京郷新聞二〇一六年六月五日）。

国会立法調査処が二〇一二年に出した報告によると、二〇一一年の時点で、地方自治体が設立した全国二二ヵ所の英語村のうち一〇ヵ所が赤字経営になっていた。英語村が赤字に苦しみ続けているのは、自治体が教育需要、財政条件、地域インフラなどをしっかり考慮せず、競って英語村を造成した結果であると指摘されている（ハ・ヘヨン、クゥオン・アヨン 二〇一二）。また、英語村の学習効果に対する疑問や、学校での放課後の英語授業の増加など公教育の充実、オンライン英語教育の普及なども、英語村の経営悪化の原因としてあげられた（東亜日報二〇一六年五月三〇日、中央日報二〇一五年四月八日など）。

早期留学の変化――バンクーバーのキロギ・オンマへのインタビューから

早期留学は、近年、どのように変わっているのだろうか。二〇一四年八月、カナダのバンクーバーで二人のキロギ・オンマに話を聴いた。彼女たちは夫を韓国に残して子どもたちの早期留学に同伴しており、二〇〇九年からの五年余りをカナダで過ごしていた。

近年の大きな変化はキロギ家族が減ったことだという。カナダは、アメリカと違って、子どもの留学に同伴する母親に対してもビザを発給したため、母親に伴われた幼い子どもたちの留学が多い傾向にあった。彼女たちの周囲にもキロギ家族は多かったが、次々と帰国していった。

「なぜなら、大変だから」と彼女たちは言う。「私たちと同世代の女性たちも忍耐力がずいぶんなくなりました」。家族が離れて暮らすことにも、父親が母子の海外生活を経済的に支え続けることにも、大きな困難がともなう。かつては母親たちに、子どものために犠牲を払おうという強い意思があったが、最近は、それがなくなってきたという。子どものために犠牲になるより自分のために生きようとする人が多くなり、自分たちのほうが「ものすごく保守的な人」になってしまったと感じている。

海外在住期間が三年以上になると韓国の外国人学校の入学資格が得られるようになってから、子どもを韓国の外国人学校に行かせることにして帰国する人が増え、キロギ家族がずいぶん減った。そのため、以前は入学が容易だった韓国の外国人学校も、最近では競争がある。ソウルには、カナダの教育体系のもとで学ぶことのできる外国人学校があるが、そこで子どもたちがカナダでのように充分遊び、楽しみながら勉強できるかどうかについては疑問を持っている。韓国で外国人学校に通っている子どもたちが、放課後、韓国のほかの子どもたちと同じように塾に通っているという実態があるからだ。外国人学校の学費のうえに塾代がかかるので、韓国で外国人学校に通わせたほうが、お金がかかる場合もある。しかし、それでも家族が一緒に住めるほうがいいと考えて帰国するのである。なお、話を聴いた母親の一人は、子どもを済州国際学校に行かせることを検討したが、寄宿舎費などを含め年間五千万ウォン（約五〇〇万円）もかかると知って、あきらめたという。

近年では、母親が子どもを連れてやってくることは少なく、家族ぐるみで移住してくる場合が多い。韓国社会の先行きに対する不安から、家族での移住が増えているという。しかし、カナダでの稼ぎが芳しくなく、父親だけがお金を稼ぎに韓国に戻って、キロギ家族になるケースも多い。[5]

子どもを早期留学させる場合には、徹底的に準備をして計画を立て、二〜三年で予定通りピタッと終えて帰国するようになっている。留学期間は、以前より短くなっている。最近はインターネット上に情報が豊富にあるため、詳しい情報まで簡単に得ることができる。インターネット上のカフェで情報を得たり、現地に行かなくてもグーグルマップで自分が住む予定の家や学校周辺の様子を見てシミュレーションをして、準備をすることができる。留学後、韓国の学校に戻るつもりなら、二年で帰国するのが適当であるという。二年間の留学であれば子どもたちは親に従って帰国して韓国の学校に適応するが、二年を超えると帰るのを嫌がり、三年くらい経つと帰れないと主張するようになるからである。六ヵ月や一年などの比較的短い留学や、夏休みに一〜二ヵ月間、語学研修に来る子どもも多くなっているという。

彼女たちの話にあったように、キロギ・アッパが大きな社会問題となって以来、キロギ家族になることを避けようとする傾向が強くなっている。父親がキロギ・アッパになる場合でも短期化・近距離化の傾向がみられる。子どもを母親とともに韓国内の済州や松島の国際学校や地方のオルタナティブスクールに行かせて月に一度とか週末ごとに再会したり、子どもと母親を学校の長期休暇に済州や海外に一ヵ月間行かせる方法がとられるようになってきている。海外に留学させる場合でも、一〜二年間の短期が多くなった。また、通信機器の発達により画像通話やSNSによるメッセージのやり取りがいつでも可能になったり、格安航空会社（LCC）が利用できるようになって、キロギ・アッパの生活も大きく変わっている。単身世帯向けサービスの増加や「独り酒」「独り飯」の流行のおかげで、周囲からの否定的視線も大きくやわらいだ。「キロギ・アッパ」という言葉の意味も拡張され、早期留学とは無関係の単身赴任の父親などに対しても使用されるようになり、「妻子としばらく離れて過ごすパパ」を指す言葉となっている（朝鮮日報二〇一七年一月一八日）。

第6章では、早期留学減少期の動向をみた。李明博政権の英語公教育強化政策や早期留学自由化の検討により英語熱と早期留学熱が高まり、早期留学はさらに広い階層に拡大したが、世界金融危機の影響により早期留学生は激減した。キロギ・アッパ問題をはじめ、早期留学が社会問題となるなかで、早期留学が大学進学や就職にあまり役立たないという認識が広まり、また、韓国内で早期留学に代わる効果が得られる英語学習環境が整えられるようになって、世界金融危機以降も早期留学生の減少が続いた。韓国経済が低成長時代に入るなか、早期留学は、早期留学に代わる韓国内の選択肢と比較して、費用対効果を厳しく見極めて選択され、より計画的・戦略的に実施されるようになった。

注

1　二〇一二年二月には、所得税法施行令改正などにより留学資格要件を備えていない初中学生の早期留学生の学費を所得控除の対象にしようとした政府の計画が、早期留学を奨励するように映る可能性があるという教育科学技術部の反対と高所得層に税制上の恩恵を与えることに対する一部の世論の反発により、取り消しとなった（東亜日報二〇一二年一月七日、二月一日）。早期留学はあいかわらず抑制すべき対象である。

2　韓国に居住する外国人の子女と韓国人の帰国子女の教育をおこなうために設けられた学校。

3　外国人の生活環境改善を通した外国資本の誘致を目的として、外国学校法人により経済自由区域内に設置・運営される教育機関。

4　教科課程の運営などを特性化するための中学校。入学する生徒を選抜することができ、一般の中学校とは異なる多様で独特なカリキュラムを運営することができる。二〇一六年現在、芸術・体育系、オルタナティブ系、国際系の特性化中学校がある。

5　家族でのカナダ移住後の父親による韓国への「逆出稼ぎ」は、すでに二〇〇五〜六年頃には多くみられ、深刻な家族問題となっていた。グローバル化の進展にともない急増する韓国からカナダへの移民が抱える問題については、鄭（二〇〇八）参照。

参考文献

（日本語文献）
小桐間徳　二〇一四「韓国における外国人学校制度の動向と日本への示唆」『国立教育政策研究所紀要』一四三、二三九—二四八頁。
鄭暎惠　二〇〇八「カナダにおけるコリアン新移民のストラテジーと社会統合——グローバル化時代の新移民と、受け入れ社会の『責任』に関する試論」新川敏光編『多文化主義社会の福祉国家——カナダの実験』ミネルヴァ書房、一八七—二〇二頁。

（韓国語文献）

ハ・ヘヨン、クゥオン・アヨン　二〇一二「地方自治団体の英語マウル運営現況と今後の課題」『イシューと論点』五七六、国会立法調査処（http://www.nars.go.kr/brdView.do?brd_Seq=1518&cmsCd=CM0018）（最終閲覧二〇一七年三月一七日）。


（ウェブサイト）

教育部「外国教育機関および外国人学校総合案内」https://www.isi.go.kr/（最終閲覧二〇一七年二月二一日）。

済州特別自治道「英語教育都市　済州」http://www.jeju.go.kr/edu/eng/educity/summary/greeting.htm（最終閲覧二〇一七年二月二一日）。

終　章　グローバル化時代を生き抜くための教育を求めて

グローバル化時代を迎えた韓国――「これから先は、英語は基本」

ここで当初の問いに立ち返ろう。韓国では、なぜ、これほど多くの人たちが、大学より前の段階で子どもに海外留学をさせたのだろうか。

韓国には、学問を重視し、学問を通して立身出世を目指す伝統があった。大学進学熱が高く、大学進学をめぐって激しい受験競争が繰り広げられていた。過度な受験競争に対処するため全国の中学校と主要都市の普通科高校は「平準化」されたが、結果的に受験競争を大学入試に集中させることになった。また、韓国には、子どもの教育のために、親が多大な犠牲を払うことや、住居移動・家族別居も厭わないという考え方が存在しており、農村から都市へ、より教育環境の良い学区へと、子どもたちを送り込む動きがみられた。子どもを親の実家やきょうだいの家に預けることに対する抵抗も少なかった。さらに韓国では、朝鮮戦争以降、アメリカが圧倒的な存在感を持つようになっており、アメリカ留学経験者のサクセス・ストーリーが若者を留学に駆り立てる影響力を持っていた。

早期留学ブームは、一九八〇年代後半から、韓国の経済規模が拡大し、外国への門戸開放が進むなかで起こり始め、金泳三政権の「世界化」政策のもとで過熱していった。ただし、初期の早期留学は、富裕層や海外駐在員の子女などの限られた人々のものであった。ブームの中心は、韓国の大学への入学が困難なためにアメリカの大学をめざそうとする江南地域の富裕層の子どもたち（中高校生）の「逃避性留学」と呼ばれる留学であった。

早期留学が大きく増え、中間層や初等学生にまで広がっていったのは、二〇〇〇年以降のことである。これには韓国が未曽有の経済危機を経験したことが大きく影響していた。IMF管理体制のもとで新自由主義的改革が進むなか、韓国社会はグローバルな競争力が要求される社会へと急変し、人々は国境なき競争にさらされるグローバル経済時代の到来を意識させられた。韓国企業は海外市場への依存度が高く、社員に高い英語力を要求するようになった。このことは、親たちに子どもをグローバル化時代に対応できるように教育しなければならないという切迫感を与え、英語教育熱および留学熱を高めた。「これから先は、英語は基本」であった。

そして、経済状況の回復とその後の順調な経済成長が、早期留学を中間層にも選択可能な選択肢にした。英語の習得を望む者はもちろん、子どもの適性・能力・関心に合った教育を望む者、国際競争力のある教育を望む者、激しい競争のない教育環境を望む者、子どもに広い視野を持たせることを望む者、あるいは、韓国ではうまくいきそうにないため別の道を求める者、将来の仕事に必要な人脈を築こうとする者など、さまざまな動機を持つ者が早期留学を選ぶことができるようになった。早期留学は、大学入試のさい外国語特技者や海外居住者を対象とした特別選考で受験したり、国際中学校や外国語高校の入試を有利にしたりするための入試戦略としても活用されるようになった。

アメリカ留学経験者や海外に居住する親戚や知人のいる人が多くいたことが、早期留学の拡大を促進した。海外赴任や早期留学をしようとする人が、親戚や友人を一緒に行こうと誘うこともあった。留学代理店である留学院を利用すれば、海外の情報や人脈へのアクセスが難しい人でも子どもを留学させることができた。留学に関する情報は、留学院のほか、留学博覧会、留学体験記やノウハウ本などの出版物、インターネット、子どもを留学させている友人・知人や近隣の家族などから得ることができた。母親が同伴する必要のない管理型留学や、東南アジアなどの地理的に近く、比較的経済的負担の少ない留学先、インターネットを利用した費用負担の少ない通信手段が利用できるようになったことも、留学にともなう負担を軽減し、早期留学がより広い階層に広がっていった。

早期留学が多くの人たちをまき込んだ社会現象となるにあたっては、経済状況がもたらしたグローバル化への対応に対する切迫感に加えて、韓国の教育や家族・人間関係に関わる特徴や、より多くの人たちの留学を可能にする制度的・経済的・社会的条件が備わったことが作用していた。

グローバル化にどう対応するか

早期留学には、多額の経済的負担をはじめ、留学先および帰国後の学校での子どもの適応問題、キロギ・アッパの自殺や離婚に代表される家族問題など、大きなリスクがともなっていた。しかし、早期留学ブームから一定の年月が経過したことにより、留学の希少性が低下し、早期留学を経て外国の大学を出た学生たちの就職が現地でも韓国内でも容易ではないことが知られるようになるとともに、外国語高校や大学の入試でも、早期留学経験者に有利な選考が減らされる傾向にあった。また、外国人学校、外国教育機関、済州英語教育都市の国際学校、国際カリキュラム形式で運営されるオルタナティブ・スクールなどが、韓国内で早期留学に代わる効果が得られる方法として注目を集めるようになり、英語塾、英語幼稚園、英語村、英語キャンプなどの英語教育を提供する場も大きく増えた。そのため二〇〇九年度に世界金融危機の影響で早期留学生数が激減した後も、早期留学生数は回復せず減少が続き、早期留学ブームは衰退したといわれるようになった。早期留学を選択する場合でも、入念に準備し、できるだけ負担の少ない方法で、短期間に終えようとする傾向がみられるようになった。

グローバル化への対応の必要が声高に叫ばれるようになった今日であるが、いまひとつそれを実感できずにいる人も多いのではないかと思う。本書で紹介したのは、グローバル化時代を生きる子どもの人生をより良いものにしようと、それぞれに模索した韓国の親たちの姿である。早期留学という選択をした彼らの行動や思いを、読者のみなさんはどのように受け止められただろうか。「同じ状況に置かれたら、自分もやるかもしれない」と思われただろうか。あるいは「理解はできるが共感できない」「理解も共感もできない」と思われただろうか。同時代を生きる韓国の人々の姿を、グローバル化時代に子どもをどう育てていくか、考えるきっかけにしていただければと思う。

本書が、これからの時代を生きる子どもたちの幸せに少しでも寄与することができれば幸いである。

あとがき

本書にかかわる研究の過程で、多くの方々のご助力をいただきました。研究開始当初から長期にわたって、さまざまな便宜を図ってくださるとともに、研究をまとめるさいにも貴重な助言をくださった金弼東《キム・ピルドン》先生、キロギ・アッパとの最初の出会いを準備してくださり、その後もたくさんのご助力をいただいた徐智瑛《ソ・ジヨン》先生に深く感謝いたします。お二人のお力添えなしに、この研究を進めることはできませんでした。首都圏でのインタビュー調査に参加してくださった奥井亜紗子先生、韓国での資料収集やインタビュー調査にご協力いただき、資料の翻訳も手伝ってくださった多田哲久先生、長年にわたり韓国語を教えてくださり、さまざまな資料の読解や翻訳に協力してくださった鄭賢珠《チョン・ヒョンジュ》先生、英語の文献や資料の読解を助けてくださり、また本書の原稿を通読して細かいチェックを入れてくださった荒木泰子先生、ありがとうございました。韓国での調査にご協力いただいた金炅一《キム・キョンイル》先生、キム・ヒョンスク先生、ユ・ボギョン先生、イ・ガジンさん、パク・スンミさん、データの解釈や資料収集を助けてくださった韓載香《ハン・ジェヒャン》先生、裴光雄《ペ・グァンウン》先生、李順蓮《イ・スンヨン》先生、ありがとうございました。
そして、インタビュー調査で自らの体験を語ってくださった方々に、厚くお礼申し上げます。本当にありがとうございました。ほかにも、この研究を支援し、貴重な助言をくださった方は数多く、すべての方のお名前をあげることはできませんが、この場を借りてお礼申し上げます。

本書は、以下の科学研究費の助成を受けて実施した調査研究がもとになっています。

基盤研究（A）「国境を越える移動・エスニシティ・地域社会の再構築に関する比較社会学的研究」（二〇〇三―二〇〇六年度、研究代表者：佐々木衞）
基盤研究（C）「韓国における『早期留学』に関する研究――教育のグローバル化と韓国社会の変容」（二〇一二―二〇一五年度、研究代表者：小林和美、JSPS科研費24510344）

また、本書の各章は、以下の論考がもとになっています。

第1章　「韓国における早期留学の変遷――統計分析による各政権期の特徴」『大阪教育大学紀要

第Ⅱ部門』六一（二）、一―一八頁、二〇一三年。

第2・3・6章　「韓国における『早期留学』をめぐる新聞報道――一九九〇年から二〇〇三年二月まで」『大阪教育大学紀要　第Ⅱ部門』六三（一）、一―一八頁、二〇一四年。

「韓国における『早期留学』をめぐる新聞報道――二〇〇三年三月から二〇一三年二月まで」『大阪教育大学紀要　第Ⅱ部門』六四（二）、一三―三〇頁、二〇一六年。

第4章　「韓国における初等学生の早期留学――教育のための国際人口移動」佐々木衞編『越境する移動とコミュニティの再構築』東方書店、五五―六九頁、二〇〇七年。

「韓国からの『早期留学』の事例研究――二組の留学生姉妹が辿った道程」『大阪教育大学紀要　第Ⅱ部門』五六（二）、五九―七三頁、二〇〇八年。

「韓国における早期留学の動向――早期留学生三七人の事例分析」『公民論集』一七、九三―一一〇頁、二〇〇九年。

第5章　「『キロギ・アッパ』になった韓国の父親たち――『早期留学』についてのインタビュー調査から」『大阪教育大学紀要　第Ⅱ部門』五七（二）、一―一八頁、二〇〇九年。

出版にあたっては、昭和堂編集部の松井久見子さんに、大変お世話になりました。編集・校正などの労はもちろん、韓国の地域研究や社会学の専門研究者ではない人たちにも読んでもらえる本にしたいという私の希望を受け止めてくださったことに感謝いたします。

私の地域研究者としての歩みを温かく見守ってくださった北原淳先生と服部民夫先生にこの本をご覧いただけないのは、大変残念です。あらためて感謝申し上げるとともに、ご冥福をお祈りいたします。

二〇一七年九月

小林和美

図表一覧

■著者紹介

小林和美（こばやし かずみ）
大阪教育大学教授
専門は社会学、地域研究
おもな著作に『アジアの家族とジェンダー』（共著、勁草書房、2007年）、『21世紀アジア家族』（共著、明石書店、2006年）、『東アジアの家族・地域・エスニシティ――基層と動態』（共著、東信堂、2005年）、『加古川市史』第3巻本編（共著、兵庫県加古川市、2000年）、『西宮現代史』第1巻Ⅱ（共著、兵庫県西宮市、2007年）など。

早期留学の社会学――国境を越える韓国の子どもたち

2017年12月25日 初版第1刷発行

著　者　小林和美
発行者　杉田啓三
〒607-8494 京都市山科区日ノ岡堤谷町3-1
発行所 株式会社 昭和堂
振込口座 01060-5-9347
TEL（075）502-7500/FAX（075）502-7501
ホームページ http://www.showado-kyoto.jp

印刷 亜細亜印刷

ISBN 978-4-8122-1638-5